選手

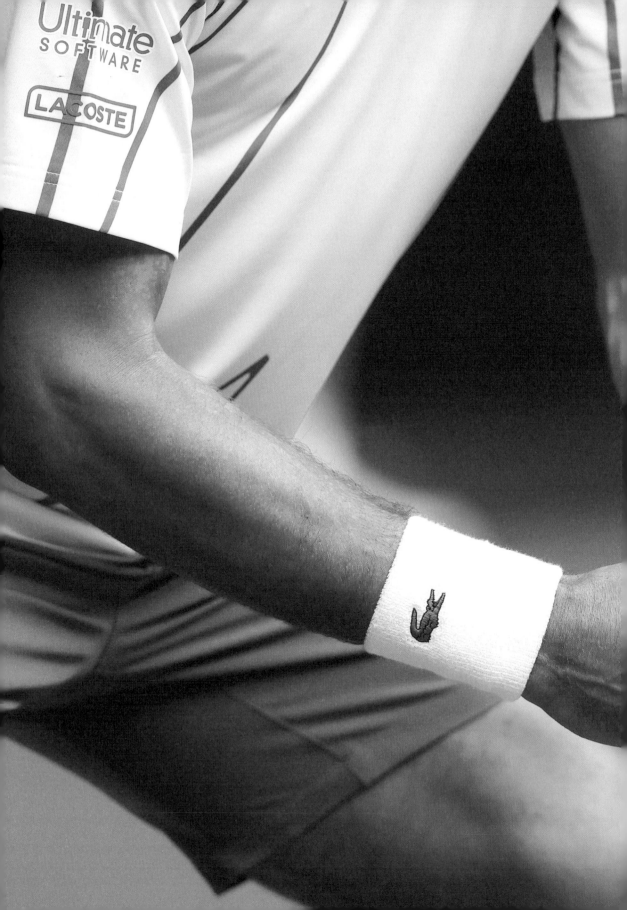

Tennis is my life, obviously.
말할 것도 없이 테니스는 내 삶이다.

I need to focus, I need to win.
난 집중해야 하고, 이겨야 한다.

But it's not the only thing.
하지만 그것만이 전부는 아니다.

I'm not going to play forever.
영원히 테니스를 치는 것은 아니다.

차이코프스키 서곡 1812
그리고 조코비치의 투쟁

1987년 5월 22일에 태어난 세르비아의 노박 조코비치는 테니스 역사상 가장 성공적인 업적을 남긴 주인공이다. 이것은 이론의 여지가 없는 '팩트'에 가깝다. 1877년 윔블던 챔피언십의 태동 이후 우리가 현대 테니스라고 부를 수 있는 기간 동안, 테니스 승부의 세계에서 그보다 더 강한 선수를 찾아볼 수 없었기 때문이다. 무엇보다 모든 테니스 선수들의 꿈이라고 할 수 있는 메이저 대회 역대 최다 우승(24회, 2024년까지) 기록을 누구도 넘볼 수 없는 영역으로 만들었다.

그런데 조코비치를 테니스 황제라고 부르는 국내 언론을 찾아보기 어렵다. 해외에서도 조코비치를 각 종목에서 가장 위대한 선수라고 추켜세우는 '고트(GOAT, Greatest of all times)'라고 단정 짓지 못한다. 만약 조코비치가 인생에서 이룬 갖가지 업적들, 예컨대 메이저 최다 우승과 4대 메이저 대회를 연속적으로 휩쓴 '노박 슬램', 37세 역대 최고령 세계 1위 달성과 9개의 마스터스 시리즈를 전부 석권하는 골든 마스터스 등이 로저 페더러, 혹은 라파엘 나달에게서 발견되었다고 하더라도 이런 반응이 나올 수 있을까? 조코비치보다 한 세대 앞서 고트로 불린 페더러는 단순히 메이저 대회 최다 우승 종전 기록 보유자인 피트 샘프러스와 동률을 이뤘을 때부터 전 세계 모든 언론과 팬들이 논쟁의 여지가 없는 최고 챔피언으로 칭송했다. 불공평한 일이다.

테니스 역사상 최고의 인물, 노박 조코비치는 왜 정당한 평가를 받지 못할까? 나는 그 원인이 서방 세계의 편견에 있다고 믿는다. 동유럽 변방에서 출생한 조코비치에 대한 비뚤어진 시각, 그리고 우리는 그 대략적 서사를 서유럽 대표 국가 프랑스의 침공에 대한 동유럽 국가 러시아의 반격을 웅장한 선율로 담아낸 차이코프스키의 그 유명한 '서곡 1812'에서 찾을 수 있다. 이 곡은 역사적 사건인 1812년 프랑스 나폴레옹의 러시아 침공을 약 15분간 웬만한 교향곡 못지않은 장대한 스케일로 담아낸 차이코프스키 최고의 작품이다. 실제로 이 연주를 듣다 보면 스포츠 팬 귀에 익숙한 프랑스 국가 '라 마르세유'가 흘러나오고, TV 광고나 영화의 전투 장면에서 즐겨 사용하는 클라이맥스 선율이 심장을 두근거리게 만든다. 서유럽 최강인 나폴레옹 제국의 무차별 공세에 고전하지만, 결국 최후의 승리를 쟁취한 러시아가 황제 나폴레옹의 몰락까지 이끌어내는 이 서곡의 테마는 노박 조코비치의 인생과 절묘한 화음처럼 어우러진다. 그 역시 선수 경력 초반 페더러와 나달이라는 서유럽의 대표 주자들에게 밀려 '만년 3등'이라는 달갑지 않은 꼬리표를 달았지만, 어느 순간 1인자의 자리로 우뚝 서 아무도 해내지 못한 위대한 금자탑을 쌓았다. 차이코프스키의 서곡 1812는 조코비치가 어린 시절 나토(북대서양 조약기구)의 무차별 미사일 폭격 속에서 테니스의 집중력을 높이기 위해 실제로 즐겨 들은 음악 가운데 하나였다. 조코비치는 차이코프스키 서곡의 테마처럼 서유럽 최고의 테니스 전사들과 끊임없는 전투를 벌였고, 결국 승자가 됐다.

이 책에서는 테니스 변방 세르비아에서 나고 자란 조코비치가 어떻게 위대한 라이벌들을 제압하고, 동시대는 물론 역대 최고의 선수로 우뚝 서게 됐는지 자세히 소개할 것이다. 페더러, 나달, 앤디 머리 등 시대를 주름잡은 최강자들과의 명승부를 재조명할 뿐 아니라, 조코비치에게 있어 이들보다 더 큰 적수라고 할 수 있는, 그를 향한 세상의 편견과 오해에 대해서도 저자 나름의 관점을 담아 분석할 것이다. 이 책을 읽고 나면 조코비치가 왜 테니스를 넘어 모든 종목을 통틀어 가장 위대한 스포츠 스타로 존중받아야 하는지, 편견을 지워내고 공정한 시선으로 바라볼 수 있기를 기대한다.

2008
호주오픈 우승
조코비치의 생애 첫 그랜드슬램 챔피언 등극
호주오픈 역대 최연소 우승 기록

2010
글루텐-프리 다이어트 도입
조코비치의 체력을 비약적으로 상승시킨 식이요법 도입
이후 조코비치의 테니스는 '에너자이저'로 변신

2011
윔블던 첫 우승
윔블던 결승에서 나달을 물리치고 생애 첫 윔블던 우승
이 승리로 처음 세계 1위 등극

2012
호주오픈 결승전 승리
호주오픈 결승에서 나달과 5시간 53분 혈투 끝 우승
그랜드슬램 결승전 역대 최장 시간 경기

2015
시즌 최고 승률 달성
호주오픈, 윔블던, US오픈 정복
82승 6패 93% 승률 달성하며 커리어 하이

DECISIVE

2016
프랑스오픈 첫 우승
프랑스오픈 결승에서 앤디 머리 꺾고 우승.
커리어 그랜드슬램 완성. '노박 슬램4대 메이저 대회 연속 우승'도 달성

2021
캘린더 그랜드슬램 달성 좌절
US오픈 결승에 올라 다닐 메드베데프에게 패배
1969년 로드 레이버 이후 처음 캘린더 그랜드슬램 달성 실패

2022
호주오픈 출전 불발
코로나19 백신 미접종으로 호주 입국 거부당해
호주오픈 출전 좌절되면서 세계적인 논란의 중심에 섰음

2023
메이저 통산 24회 우승
호주오픈과 프랑스오픈, US오픈을 석권하며
역대 최다인 메이저 24회 우승 달성

2024
올림픽 단식 금메달 획득
파리올림픽 단식 결승전에서 알카라스를 꺾고 금메달 획득
4전 5기 끝에 커리어 골든 슬램 달성

CONTENTS

Anxiety 불안

Jump 도약

Fall 추락

Revival 부활

Villain 빌런

G.O.A.T 고트

Anxiety

불안

젊음의 에너지는 불안이라는 말이 있다 아무것도 결정되지 않은 사춘기 학생부터
취업을 눈앞에 두고 있는 대학생에 이르기까지 그들을 움직이는 동력은 막연한 불안함이다.
그러나 조코비치의 에너지원은 조금 차원이 다르다. 막연하지 않고 구체적이었으며,
무엇보다 절박하기까지 했다. 죽음의 공포였다.

캠프에 도착한 첫날부터 테니스에 집중하는 노박의
모습은 놀라웠다. 나는 누군가의 성공 여부를
예측하는 것을 좋아하지 않지만, 노박과 함께한다면
언젠가는 그가 최고가 될 것이라는 것을 알았다.

_ 니콜라 필리치

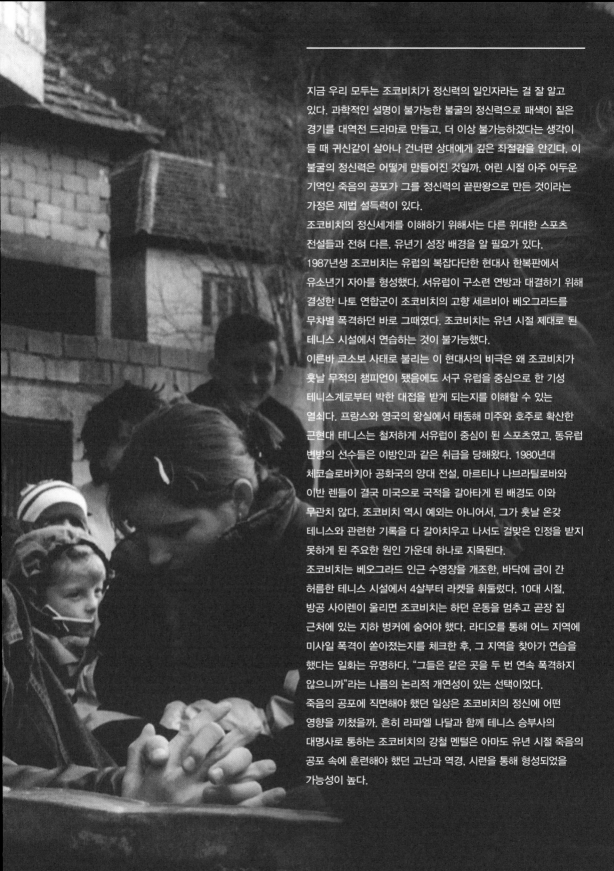

지금 우리 모두는 조코비치가 정신력의 일인자라는 걸 잘 알고 있다. 과학적인 설명이 불가능한 불굴의 정신력으로 패색이 짙은 경기를 대역전 드라마로 만들고, 더 이상 불가능하겠다는 생각이 들 때 귀신같이 살아나 건너편 상대에게 깊은 좌절감을 안긴다. 이 불굴의 정신력은 어떻게 만들어진 것일까. 어린 시절 아주 어두운 기억인 죽음의 공포가 그를 정신력의 끝판왕으로 만든 것이라는 가정은 제법 설득력이 있다.

조코비치의 정신세계를 이해하기 위해서는 다른 위대한 스포츠 전설들과 전혀 다른, 유년기 성장 배경을 알 필요가 있다. 1987년생 조코비치는 유럽의 복잡다단한 현대사 한복판에서 유소년기 자아를 형성했다. 서유럽이 구소련 연방과 대결하기 위해 결성한 나토 연합군이 조코비치의 고향 세르비아 베오그라드를 무차별 폭격하던 바로 그때였다. 조코비치는 유년 시절 제대로 된 테니스 시설에서 연습하는 것이 불가능했다.

이른바 코소보 사태로 불리는 이 현대사의 비극은 왜 조코비치가 훗날 무적의 챔피언이 됐음에도 서구 유럽을 중심으로 한 기성 테니스계로부터 박한 대접을 받게 되는지를 이해할 수 있는 열쇠다. 프랑스와 영국의 왕실에서 태동해 미주와 호주로 확산한 근현대 테니스는 철저하게 서유럽이 중심이 된 스포츠였고, 동유럽 변방의 선수들은 이방인과 같은 취급을 당해왔다. 1980년대 체코슬로바키아 공화국의 양대 전설, 마르티나 나브라틸로바와 이반 렌들이 결국 미국으로 국적을 갈아타게 된 배경도 이와 무관치 않다. 조코비치 역시 예외는 아니어서, 그가 훗날 온갖 테니스와 관련한 기록을 다 갈아치우고 나서도 걸맞은 인정을 받지 못하게 된 주요한 원인 가운데 하나로 지목된다.

조코비치는 베오그라드 인근 수영장을 개조한, 바닥에 금이 간 허름한 테니스 시설에서 4살부터 라켓을 휘둘렀다. 10대 시절, 방공 사이렌이 울리면 조코비치는 하던 운동을 멈추고 곧장 집 근처에 있는 지하 벙커에 숨어야 했다. 라디오를 통해 어느 지역에 미사일 폭격이 쏟아졌는지를 체크한 후, 그 지역을 찾아가 연습을 했다는 일화는 유명하다. "그들은 같은 곳을 두 번 연속 폭격하지 않으니까"라는 나름의 논리적 개연성이 있는 선택이었다.

죽음의 공포에 직면해야 했던 일상은 조코비치의 정신에 어떤 영향을 끼쳤을까. 흔히 라파엘 나달과 함께 테니스 승부사의 대명사로 통하는 조코비치의 강철 멘털은 아마도 유년 시절 죽음의 공포 속에 훈련해야 했던 고난과 역경, 시련을 통해 형성되었을 가능성이 높다.

무슨 일이 벌어질지 몰라 저는 매일 밤 슬프게 울었습니다.

어머니는 칠흑 같은 어둠 속에서 움직이다

난방장치에 머리를 부딪혀 정신을 잃은 적도 있습니다.

당시 새벽 3시였는데 아버지는 실신한 어머니와

어린 저희 형제가 엉엉 울고 있는 모습을 지켜봤죠.

하지만 우리 가족 구성원들을 더 강하게 만들어준 경험이었습니다.

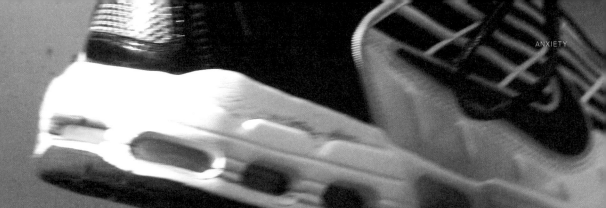

"

한 국가의 국민으로서 폭격을 당하면 화가 날 겁니다.
정말 두려운 상황이니까요.
우리 평범한 사람들은 할 수 있는 게 없었어요.
하지만 그걸 극복해 내면 인간적으로 더 강해질 수 있습니다.
먹고 살기 위해, 그리고 자신의 명성을 떨치기 위해,
최선의 노력을 다 기울이게 되죠.

"

옐레나 얀코비치 세르비아 출신 전 여자테니스 세계 1위

미국의 테니스 전설이자 ESPN에서 해설을 맡고 있는 크리스 에버트는 "노박의 성장 배경, 끊임없이 폭탄이 떨어지고 전쟁이 계속되는 당시의 환경은 그를 겁 없는 소년으로 만들었을 것이다. 그런 트라우마에 가까운 경험을 하게 되면 모든 두려움이 사라질 수 있다. 이를테면 그랜드슬램 경기 5세트 게임 5-5의 힘겨운 상황이 닥쳤을 때, 조코비치는 이보다 훨씬 더 최악의 경험을 했기 때문에 이겨낼 수 있었을 것이다. 전쟁은 조코비치의 인생과 테니스에서 두려움이라는 것을 지워낼 수 있었다"라고 설명한다.

즉 최악의 상황을 겪게 되면 어지간한 시련을 이겨내는 데 도움이 될 수 있다는 해석인데, 가끔 운동선수들이 자발적으로 체험하는 해병대 훈련은 이런 효과를 극대화하는 방편이다. 극기 훈련을 받으면 사람은 달라진다. 한계를 시험하고 이를 극복하는 과정에서 자신에 대한 새로운 발견, 그리고 믿음이 생겨난다. 물론 3박 4일 정도의 해병대 훈련 효과가 오래 갈 수는 없을 것이다. 작심삼일에 불과할 것이지만, 신선한 자극이 되고 이 기억을 바탕으로 도약이 가능하다. 그런데 조코비치는 이 해병대 훈련과 비교할 수 없는, 정신적인 한계로 밀어붙이는 극한 체험을 수년간, 그것도 자아가 완성되기 한참 이전인 유소년기에 소화한 것이다.

인간뿐 아니라 지구상 모든 생명체가 맞닥뜨려야 할 최대의 역경은 죽음의 위협이다. 어릴 때 이미 경험할 수 있는 최대치의 역경을 마치 예방주사처럼 맞은 조코비치는 고난이 닥쳐올수록 더 강해지는 사람이 됐다. 자신보다 더 뛰어난 테니스 실력을 갖추고 있는 두 명의 대스타를 마침내 뛰어넘고, 네트 건너편 상대를 더 응원해 주는 유럽 관중의 적대감을 이겨내고, 코로나 백신 접종을 안 해 추방당하는 비극을 감내하며, 경기 도중 포기 직전까지 갈 정도의 극심한 통증도 불굴의 정신력으로 극복해 내는 조코비치만의 강인함과 완고함은 아마도 이 유년 시절의 끔찍한 경험에 대한 보상일지도 모른다.

02

피자집 사장님

훗날 장성한 조코비치의 강철 멘털에 영향을 미쳤을 또 하나의 요인은 아버지였다. 위인전의
흔한 스토리처럼 훌륭한 아버지의 엄격한 훈육 덕분이라는 이야기가 아니다.
조코비치의 아버지는 피자집 사장님이었다. 조코비치가 세계적인 스포츠 스타가 된 지금,
조코비치의 아버지가 운영하던 피자집은 세르비아의 관광 명소가 됐다.
1990년대 빈국 세르비아의 자영업자를 부모로 둔 조코비치에게 닥친 어쩔 수 없는 현실은
경제난이었다. 일찌감치 천재성을 보이며 10대 이후 각종 주니어 대회를 휩쓸기 시작한
조코비치에게는 더 넉넉한 지원이 필요했다. 그래야 제대로 된 훈련 시설에서 교육받을 수 있고,
각종 대회 출전에 필요한 비용을 감당할 수 있기 때문이다. 당연히 동유럽에서 조그만 피자집을
운영하는 아버지가 이 돈을 조달하기는 역부족이었고, 테니스 변방이라고 할 수 있는 세르비아
테니스연맹 역시 그때까지는 주니어 유망주들을 지원할 수 있는 체계가 잡히지 않았다.

아버지는 10마르크 남은 은행 잔고를 보여줬습니다.

니키 필리치 테니스 아카데미 수강료는 한 달에 5천 마르크가 넘었고,

아버지는 저에게 책임감을 강조하고 싶어 하셨습니다.

그래서 조코비치의 아버지 스르단은 '도박'을 결심하게 된다. 막대한
이자 부담이 있는 사채업자의 돈을 빌려 조코비치를 뒷바라지했고,
조코비치가 성공하지 못하면 집안은 망할 수도 있었다. 실제로
스르단이 제때 돈을 갚지 못하게 되는 몇몇 상황에서 극단적 선택을
실행에 옮기려는 시도도 있었다고 한다.

이 절박함은 조코비치에게 가감 없이 전달됐다. 자신을 뒷바라지하는
부모님이 진 빚을 늘 머릿속에 담아두고 있어 성적에 대한 압박감이
컸다. 늘 부담 속에서 테니스 라켓을 휘두를 수밖에 없었던 조코비치.
이것은 일종의 멘털 훈련이었다. 많은 전문가는 조코비치가 이길
수 없는 절망적인 상황에서도 숱한 역전극을 만들어낼 수 있는
원동력으로 이 유년 시절 성적에 대한 압박감을 지목한다.

이는 조코비치와 동갑내기이자 초창기 주니어 시절 라이벌인
어네스트 굴비스라는 라트비아 출신의 금수저와 비교되는 대목이다.
굴비스와 조코비치는 10대 중반 독일 필리치 아카데미에서
동문수학하게 되는데, 이때까지만 해도 굴비스가 조코비치보다 반보
정도 앞선 유망주로 주목받았다. 그 배경에는 막강한 집안의 지원이
있었다. 굴비스는 전용 헬리콥터를 보유한 라트비아 최대 갑부의
아들이었고 테니스에 필요한 모든 비용을 아낌없이 지원받았다.
하지만 훗날 결과는 흙수저의 압승이었다. 조코비치가 세계 최고
선수로 우뚝 선 반면, 주니어 시절 엄청난 재능을 뽐냈던 굴비스는
결과적으로 톱10 문턱에 가까스로 진입한 뒤 소리 없이 사라졌다.

한때 세계의 화약고로 불린 발칸반도의 세르비아에서 테니스를
접하기는 쉽지 않은 일이었다. 테니스는 서방 세계의 자본주의적
스포츠이기 때문이다. 조코비치 이전에 세르비아 국적의 테니스
스타는 전무했다고 해도 과언이 아니다. 그렇다면 조코비치는 어떻게
4살의 어린 나이에 테니스 라켓을 휘두르는 기회를 잡았을까.
역사는 우연의 산물일 때가 많다. 조코비치의 테니스 인생 역시
우발적인 사연으로 시작됐다. 사실 그의 아버지와 어머니는 스키
선수 출신이고 테니스와는 조그마한 인연도 없었다. 흔히 테니스
선수의 부모는 동호인이고, 부모님 손에 이끌려 테니스장에 갔다가
입문하는 것이 일반적인 통로인데, 이를테면 로저 페더러가 그랬다.
조코비치의 경우는 달랐다. 부모님은 동네에서 조그만 피자집을
운영하던 자영업자였는데, 우연히, 아니 돌이켜보면 운명적으로, 그
식당 앞에 테니스 코트가 생겼던 것이다!
꼬마 조코비치는 에너지로 충만한 아이였고, 넘치는 힘을 발산할
분출구가 필요했다. 그래서 분홍색 테니스 라켓에 어린이용
테니스볼을 펑펑 때려대며 테니스장에서 신나게 뛰어놀았다.
여기서 어린 조코비치에게 다시 한번 우연이면서 운명적인 사건이
발생하는데, 바로 평생의 은인이자 스승을 만나게 되는 것이다.

아버지는 가족이 저를 위해

얼마나 큰 희생을 치렀는지에 대해서는 한 번도 말씀하신 적이 없습니다.

겐치치는 저에게 있어 테니스의 어머니였어요.

가장 중요한 테니스 멘토였고,

지금 이 자리에 설 수 있는 기회를 주신 분이었습니다.

03

음악과 테니스

옐레나 겐치치는 세르비아와 유고 연방 계열의
전설적인 테니스 코치다. 겐치치는 유고슬라비아에서
태어난 테니스 선수로 그랜드슬램 성적이라곤
1959년 윔블던 여자 단식 1회전에 출전해 녹색
잔디를 밟아본 게 전부다. 선수로서는 큰 족적을
남기지 못했어도, 지도자로서 제2의 인생은 탁월한
사람들이 있는데, 겐치치가 정확히 그런 경우다.
그의 지도를 받은 대표적인 선수가 모니카
셀레스였다. 셀레스는 1990년대 여자 테니스에서
압도적인 세계 최강으로 군림해 온 슈테피 그라프의
유일한 천적이자, 10대 시절 가장 많은 메이저
트로피를 쓸어 담은 천재 중의 천재였는데, 그의
뒤에는 겐치치라는 탁월한 지도자가 있었다. 훗날
조코비치의 전담 코치로 메이저 대회 우승에 혁혁한
공을 세운 크로아티아 출신 고란 이바니셰비치 역시
겐치치의 조력을 받은 선수였다.
겐치치는 조코비치의 집 앞 테니스장에서 열린
'여름 테니스 캠프'의 강사로 방문했다. 그곳에서
5살 조코비치를 만난 겐치치는 그의 재능을 한눈에
알아봤다. 특히 겐치치가 눈여겨 본 대목은 그
나이대에 바랄 수 없는 완벽한 준비성이었다.
조코비치는 다른 아이들보다 30분 먼저 수업에
도착했고 테니스 가방에는 라켓과 수건, 물병뿐
아니라 프로 선수들처럼 머리에 두르는 반다나와
손목 밴드가 질서정연하게 꾸려져 있었다.
겐치치는 조코비치에게 "엄마가 이걸 다
챙겨줬니?"라고 물었고 조코비치는 "아니요,
제가 준비했어요"라고 답했다. 완벽함을 추구하는
조코비치의 집념, 역사상 가장 완벽한 테니스
테크닉이라는 찬사를 받게 되는 조코비치의 자질은
이미 5살 때부터 발현됐다고 볼 수 있다.

겐치치는 인생 코치였다. 선수들에게 단순히 테니스
테크닉이 아닌 그 이상을 가르쳤다. 대표적인 예가 클래식
음악을 활용한 코칭 기법이었다. 겐치치는 조코비치에게
러시아의 작곡가 차이코프스키의 '1812년 서곡'을 즐겨
들려줬다.

차이코프스키의 1812년 서곡은 전쟁을 소재로 한 클래식
음악이어서 코트 위의 전쟁을 매일 치러야 하는 테니스
선수들에게 에너지를 불어넣고 전투력을 끌어올리기에
적합했다. 1812년은 프랑스의 전제군주 나폴레옹이 러시아
원정을 치른 해였고, 서곡에는 패배를 모르던 나폴레옹이
처음으로 완패를 당한 역사적 전투 서사가 담겨 있다. 곡
중간에는 대포 소리를 연상케 하는 북소리가 등장하기도
하는데, 실제로 이 곡을 듣고 있노라면 뛰고, 싸우고, 이기고
싶은 생각이 절로 들 때가 있다.

웅장한 오케스트라와 합창단이 어우러진 차이코프스키의
서곡은 조코비치가 경기 도중 어려움을 겪을 때
아드레날린을 보충하고 경기력을 한층 끌어올릴 수 있는
유용한 도구가 될 수 있다고, 겐치치는 설명했다.

사실 음악을 듣는 것이 테니스 경기력에 큰 상관관계가
있는지 체계적으로 조사가 된 적은 없다. 하지만 테니스뿐
아니라 많은 운동선수들은 큰 경기를 앞두고 긴장감을 풀기
위해 음악을 듣곤 한다. 이가 시비옹테크, 프란시스 티아포와
같은 선수들은 테니스 코트로 입장할 때 커다란 헤드폰을
머리 위에 얹고 나온다. 자아 밖 주변과의 연결을 잠시 끊고,
내면의 자신에게 집중하기 위한 루틴으로 볼 수 있다.

어른이 된 조코비치는 코트 위 대형 스피커에서 울려
퍼지는 댄스 음악에 맞춰 춤을 추는 모습을 보여주기도
한다. 춤 실력이 뛰어나지는 않고, 리듬에 몸을 맡기고 즐길
줄 아는 수준이다. 그렇게 겐치치라는 스승을 만나 클래식
음악에 발을 들여놓은 데 이어, 그의 다음 코치인 보그단
오브라도비치는 통기타로 팝 음악의 세계를 조코비치의
머리와 가슴에 심어줬다. "노박 내 얘기를 들어보렴. 음악의
리듬을 따라가 봐. 그다음 리턴을 할 때, 혹은 코트 위에서
움직일 때 그 리듬을 떠올려봐. 테니스는 음악이랑 참
비슷해. 모든 게 연결되어 있다는 거지."

이는 훗날 현대 테니스의 개념을 송두리째 뒤바꿔놓을
조코비치 필살의 기술인 리턴에 지대한 영향을 미치게 된다.
오브라도비치가 조코비치에게 강조하고 싶은 메시지는
음악과 테니스 모두 '타이밍의 예술'이라는 점이었다. 좋은
리듬을 탄 상태에서 올바른 타이밍을 잡아내는 것, 그것이

사진 니콜라 필리치

NOVAK DJOKOVIC COACH

조코비치와 함께 한 코치

옐레나 겐치치 *Jelena Gencic 1993-1999*

니콜라 필리치 *Nikola Pilic 1999-2003*

마리안 바이다 *Marian Vajda 2006-2022*

보리스 베커 *Boris Franz Becker 2014-2016*

앤드리 애거시 *Andre Agassi 2017-2018*

고란 이바니셰비치 *Goran Ivanisevic 2019-2024*

앤디 머리 *Andy Murray 2025*

조코비치 리턴의 정수였다.

오브라도비치는 서브를 넣는 상대의 리듬을 파악하고, 그 리듬에 올라탈 것을 주문했다. 서버의 손동작, 토스를 올리거나 몸을 비트는 방식, 공을 향해 라켓을 가져다 놓고 어떻게 때리는지, 그 모든 요소를 리듬으로 규정하여 리턴하는 조코비치가 리듬과 연결될 수 있도록 독려했다.

조코비치는 이렇게 불우한 유년 시절을 뚫고 가족들의 전폭적인 지원을 받아 성공적인 주니어 선수로 커리어를 쌓았다. 여기서 조코비치에게 또 하나의 행운이자 탁월한 선택은 독일 뮌헨에 위치한 니키 필리치 아카데미의 수강생으로 입문한 것이었다. 필리치는 1973년 프랑스오픈 남자 단식 결승까지 오른 구유고슬라비아 출신 지도자였다. 필리치는 사실 현대 테니스 역사서에 기록될 만한 족적을 한 가지 남긴 인물로, 그 유명한 1973년 윔블던 단체 보이콧을 촉발한 장본인이었다. 이는 유고슬라비아 테니스연맹이 필리치에게 국가대항전인 데이비스컵에 출전하라고 지시했는데, 필리치가 이를 거부하자 자격 정지 징계를 내렸고, 이에 집단적으로 반발한 ATP 단체 소속 81명의 프로 선수들이 윔블던 출전을 거부한 사건이었다.

이렇게 필리치는 젊은 시절 기성 질서에 반기를 든 유형의 성격을 보였는데, 어찌 보면 노박 조코비치의 훗날 모습과 겹치는 부분이다. 조코비치 역시 ATP 동료 선수들의 이익을 위해 기존 질서에 반하는 이타적인 목소리를 아끼지 않았다. 1999년 가을부터 조코비치는 필리치 아카데미에서 본격적인 테니스 선수로서의 길을 걸었다. 당시 그의 나이는 12살이었는데, 사실 필리치 아카데미는 14세 이하의 선수를 받은 적이 없었다. 하지만 조코비치의 재능과 열정을 한눈에 알아본 필리치는 조코비치를 제자로 흔쾌히 거둬들였고, 어려운 그의 집안 사정을 감안해 수업료도 대폭 할인했다. 필리치는 훗날 조코비치의 경기력에 지대한 영향을 미친 몸의 유연성을 향상시키는 데 중요한 역할을 한 것으로 알려져 있다. 특히 고무 밴드를 활용해 손목의 유연성을 늘리는 훈련을 강조했다.

조코비치는 14세 이후부터 유럽 전체에서 주목받는 유망주로 이름을 떨치기 시작했다. 14세 이하 유럽 서킷 주니어 투어에서 우승컵을 들어 올리면서 연령대 최강자로 자리를 잡은 것이다. 2001년 조코비치는 유럽의 14세 이하 주니어 랭킹 1위를 찍었는데, 그의 뒤를 이어 2위에 오른 선수가 바로 훗날 그의 최대 라이벌 가운데 하나로 떠오르는 영국의 앤디 머리였다.

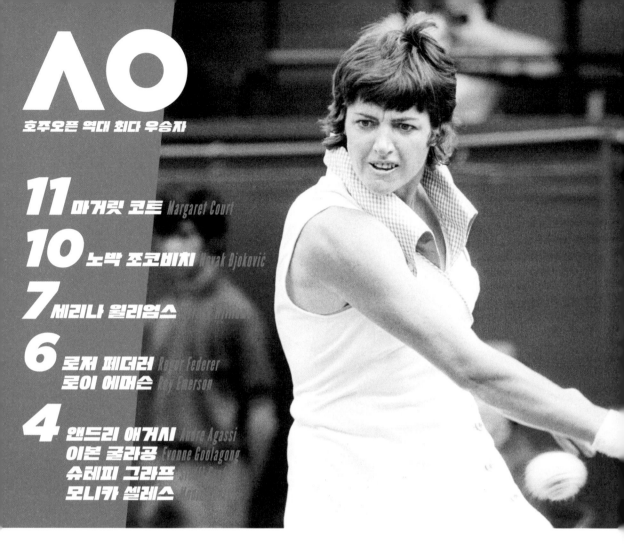

AO

호주오픈 역대 최다 우승자

11 마거릿 코트 *Margaret Court*

10 노박 조코비치 *Novak Djokovic*

7 세리나 윌리엄스

6 로저 페더러 *Roger Federer*
로이 에머슨 *Roy Emerson*

4 앤드리 애거시 *Andre Agassi*
이본 굴라공 *Evonne Goolagong*
슈테피 그라프
모니카 셀레스

다만 조코비치는 오대양 육대주를 통틀어 세계 최고의 주니어 선수로 기록되지는 않았다. 주니어 그랜드슬램 대회에서 그가 거둔 최고 성적은 2004년 호주오픈 주니어 4강이었다. 조코비치가 2003년 프로 전향을 선언하기 전, 그가 경합했던 주요한 유망주들의 이름을 살펴보면 가엘 몽피스(프랑스), 마르코스 바그다티스(키프로스), 앤디 머리 등이었는데 이들 역시 훗날 세계 톱10에 진입하는 상당한 성과를 거둔 천재들이었지만, 조코비치의 위대함에는 결코 미치지 못했다. 다만 15세까지 조코비치가 주니어 무대에서 거둔 성적은 세계 최고의 주니어 유망주라고 단정 짓기는 어려운 상태였다.

사실 이 세대에서 주니어 그랜드슬램 우승을 차지하고, 주니어 세계 1위에 오른 이는 프랑스의 괴짜 천재 가엘 몽피스였다. 그는 2004년 2월 주니어 랭킹 1위에 도달했고, 호주오픈과 프랑스오픈, 그리고 윔블던의 주니어 단식을 모두 휩쓸었다. 아이러니한 사실은, 몽피스가 성인 무대에 진출해서 단 한 차례도 이기지 못한 유일한 상대가 조코비치였다는 것이다. 총 열 아홉 번의 대결에서 전패를 당했는데, 적어도 주니어 시절에는 몽피스가 조코비치보다 더 촉망받는 인재였던 건 사실이다.

더 원대한 목표를 가슴 속에 불태우고 있는 조코비치에게 주니어 성적은 중요하지 않았다. 천문학적인 부와 명예가 뒤따르는 프로페셔널의 시간이 다가오고 있었고, 18살을 갓 넘은 조코비치의 인생에 있어 첫 번째 커다란 도전은 2005년 1월, 그가 훗날 열 차례나 시상대 위에 오를 남반구 호주의 로드 레이버 아레나에서 시작됐다.

04

사핀을 만나다

물론 마라트 사핀이 조코비치가 그의 오랜 커리어에서 단
한 차례도 이기지 못한 유일한 선수는 아닐 것이다. 2003년
프로로 뛰어든 조코비치는 초창기 수많은 선배 선수를
만났을 것이고, 무르익지 않은 이 시기 승리보다 패배가
많았을 것이다. 비록 단 두 번의 만남이었지만, 테니스
역사상 가장 커다란 성공을 거둔 조코비치가 한 번도
승리를 맛보지 못한 사핀은 확실히 특별한 존재였다.
조코비치가 생애 첫 그랜드슬램 대회 본선에서 맞닥뜨린
마라트 사핀은 조코비치보다 7살 많은, 2005년 호주오픈
개막 당시 4번 시드를 받은 시대의 강자였다. 사핀이야말로
조코비치보다 천재라는 수식어에 더 적합한 존재였다.
2000년 그의 나이 스무 살 무렵 피트 샘프러스라는 황제를
거꾸러뜨리며 일약 US오픈 챔피언에 올랐고, 로저 페더러와
동년배이지만 그보다 더 빠른 속도로 남자 테니스의 최정상
자리를 단번에 꿰찼다.
하지만 원조 천재 사핀이 결과적으로 페더러보다 못한
경력으로 다소 초라하게 마무리를 하게 된 까닭은 독특한
그의 성정 탓도 있다. 사핀은 비공식적 기록이긴 하지만
경기 도중 라켓을 바닥에 내리쳐 박살 낸 게 무려 1천
자루가 넘었고, 그만큼 들쭉날쭉한 경기력을 보이며 삼십
세를 넘기지 못하고 커리어를 조기 마감했다. 사핀의
메이저 우승 횟수는 딱 2번인데, '애송이' 조코비치와 첫
대결을 한 바로 그 2005년 호주오픈이 마지막이었다.
그만큼 조코비치의 그랜드슬램 본선 데뷔전은 호된
신고식이 될 수밖에 없었다. 이 당시 사핀의 경기력은
넘사벽에 가까웠고, 심지어 최전성기의 로저 페더러조차도
5세트 접전 끝에 무릎을 꿇을 정도였다. 사핀과 페더러가
벌인 2005년 호주오픈 4강전은 2000년대 전체를 통틀어
손꼽힐 만한 멋스러운 명승부로 회자된다.

사핀은 17살 조코비치를 어린애 다루듯 팔목을
비틀며 가볍게 3-0으로 이겼다. 이 경기를 앞두고
떠오르는 별 조코비치에 대해 미디어도 주목하기
시작했는데, 사핀은 경기 전 기자회견에서 대수롭지
않다는 듯 조코비치의 가능성에 대해 이렇게 말했다.

- -

머지않은 미래에 4대 그랜드슬램을 모조리 제패하고,
150년 근현대 테니스 역사상 가장 큰 성공을 거둔
조코비치를 향한 찬사치고는 좀 박하다. 하지만
조코비치에 대한 표피적 평가가 그 이상으로

조코비치는 젊고 떠오르는 선수입니다.
작년 챌린저 대회급에서 꽤 좋은 성적을 냈죠.
훌륭한 선수로 성장할 것입니다.
이미 많은 후원사와 계약을 하고 있는 걸로 봐서는
많은 사람들이 기대하고 있다는 뜻이죠.
아마도 머잖아 톱10 선수가 될 것입니다.

올라가기에는 당시 그에게 특별한 구석이 많지 않았다. 그보다 한 살 많은 18살의 왼손잡이 라파엘
나달은 이미 세계 1위 로저 페더러를 꺾는 무서운 황태자의 탄생을 예고했는데 이에 비해 조코비치의
테니스 자체에 이렇다 할 강점이나 무기가 보이지 않았기 때문이다. 조코비치의 이 무렵 테니스는
'무난하다', '평범하다', '빈틈없다' 수준으로 정리될 만했다. 이 당시까지만 해도 가장 높은 수준의
테니스를 구사하는 선수들은 무엇보다 서브의 날카로움이 남달랐다. 로저 페더러가 그랬고, 그의 라이벌
앤디 로딕, 그리고 바로 이전 세대의 챔피언 샘프러스가 그런 유형이었다. 사핀 역시 서브가 굉장히 좋은

축에 속했다. 아니면 두꺼운 이두박근으로 사정없이 채찍질하는 포핸드를 갖고 있는 라파엘 나달처럼
특징적인 한 방이 있어야 하는데 그것도 부족했다. 조코비치는 서브도 좋고, 포핸드도 좋고, 백핸드도
좋았다. 하지만 좋은 것 이상을 보여주지 못했다. 그래서 무난하다는 평가를 받았고, 이렇다 할 자신만의
독특한 무기가 도드라지지 않아 보였다. 그러나 이때 조코비치를 평가절하한 이들이 간과한 측면도
있었다. 10대 후반의 떠오르는 젊은 스타는 또래 선수들보다 코트 위에서 빠르고 민첩하게 움직였다.
그리고 라켓으로 공을 아무리 강하게 때리더라도 흔들림 없이 중심을 잡는 몸의 밸런스가 있었다.
추상적인 표현으로 '기본기'라고 할 수 있는 조코비치의 숨은 무기는, 프로 무대에 본격적으로 발을
내디딘 2005년부터 날카로움이 배가되기 시작했다. 조코비치는 사핀에게 완패했지만, 그 경기를
현장에서 직접 지켜본 몇몇 전문가들은 세르비아라는 변방에서 온 이 신비의 소년이 지닌 잠재력이
심상치 않음을 감지했다. 또 어떤 면에서는 사핀의 업그레이드 버전이기도 했다. 사핀처럼 두 손
백핸드를 빈틈없이, 세련되게 치는 또 한 명의 동유럽권 라이징 스타의 발견이었다. 그런데 사핀보다
확연히 뛰어난 장점 한 가지가 있었다. 거의 두 배 정도 빨라 보이는 코트 위에서의 발놀림이었다.
그토록 갈망했던 그랜드슬램 본선 무대를 경험한 조코비치의 성장은 빛의 속도로 빠르게 진행됐다.
프랑스오픈에서 본선 첫 승. 윔블던과 US오픈에서는 그보다 한 계단 더 나아가 3회전에 진출했다.
2005년을 마무리하는 시점에서 조코비치의 세계 랭킹은 78위로 수직 상승했는데, 100위 안에 있는
선수 가운데 가장 나이가 어렸다.

05

"나는 세르비아입니다"

2006년 4월 조코비치는 인생에서 중대한 선택의 기로에 놓인다. 테니스 종주국이라 할 수 있는 영국 테니스협회의 귀화 제안이었다. 스코틀랜드 글래스고우에서 열린 데이비스컵은 영국과 세르비아의 대결이 한창 진행 중이었고, 당시 조코비치는 영국의 강서버 그렉 루세스키를 3-1로 돌려세우고 전도유망한 테니스 샛별의 존재감을 과시하고 있었다.

사실 동유럽 선수들에게 귀화 제안은 그리 낯설지 않다. 과거에도 그랬고 지금도 여전히 동구권 약소국의 선수들은 국적을 바꾸는 걸 크게 터부시하지 않는다. 서슬 퍼런 동서 냉전체제였던 1980년대에도 체코의 이반 렌들, 마르티나 나브라틸로바와 같은 거물급이 미국 여권으로 갈아탔고, 90년대 초반 세상을 떠들썩하게 만든 천재 테니스 소녀 모니카 셀레스도 결국 자유의 여신상 품에 안겼다.

이들은 커리어의 최정점에 오른 이후 귀화를 선택했지만, 조코비치에게 다가온 기회는 그가 아직 유명해지기 전인 19세 때였다.

조코비치가 결국 영국 귀화 제안을 거절한 것으로 알려졌지만, 실상은 그렇게 간단한 문제가 아니었다. 때는 여전히 조코비치가 세계적 스타로 뻗어나가기 전이었고, 이제 막 세계 100위 안에 들어 투어 무대에서 존재감을 드러내기 시작했을 뿐이었다. 여전히 가정 형편이 어려운 조코비치 패밀리에게 영국 테니스협회의 제안은 뿌리치기 힘든 유혹이었다. 영국과 세르비아의 국력 차만큼이나, 국적을 바꿨을 때 영국 협회가 조코비치에게 해줄 수 있는 지원은 비교가 되지 않았다. 조코비치의 부모는 영국 협회 고위 관계자와 데이비스컵 이후 런던에서 비밀스러운 회동을 가졌고 꽤 진지하게 국적 이동의 가능성이 오고 갔다. 하지만 최종 선택은 조코비치의 몫이었다. 그는 세르비아를 택했다.

테니스의 성지 윔블던에서 마지막으로 챔피언에 오른 영국인 프레드 페리의 뒤를 이은 또 다른 영국 챔피언이 귀화 선수였다면, 2013년 7월 영국 전역을 축제로 만든 남자 단식 결승전 결과는 그만큼의 감흥을 남기지 못했을 것이다.

그보다 더 가정해 보고 싶은 지점은, 테니스의 거의 모든 기록을 송두리째 갈아치운 주인공 노박 조코비치가 세르비아인이 아닌 영국인이었을 경우다. 스위스인 페더러와 스페인의 나달을 뛰어넘은 영국인 조코비치에 대한 세상의 환호는 적어도 지금보다는 더 크지 않았겠느냐는 가정, 충분히 설득력 있다. 조코비치의 국적이 동유럽의 세르비아가 아닌 서유럽의 핵심 국가인 영국이었다면, 서방 언론의 더 큰 환대와 테니스 팬의 절대다수를 차지하고 있는 북미와 서유럽의 확실한 지지를 받았을 것이란 가정은 허무맹랑한 말장난이 아니다. 만약 그렇게 되었다면, 여전히 정답을 가리지 못하고 있는 '테니스 역대 최고의 선수, GOAT' 논쟁도 종지부를 찍지 않았을까.

그러나 우리가 노박 조코비치의 위대함을 논할 때 빼놓을 수 없는 것은, 그가 마이너리티한 속성을 딛고 일어서 주류 집단에 통쾌한 KO 펀치를 날렸다는 점이다. 조코비치 커리어의 최대 업적 가운데 하나로 꼽는 파리올림픽 단식 금메달 역시, 세르비아라는 유럽의 약소국이 일군

> 영국은 제게 많은 기회를 제공할 수 있었습니다.
> 당시 영국에는 앤디 머리 한 명밖에 없었기 때문에 누군가 한 명이 더 필요했었죠.
> 영국 협회가 쏟아부은 투자에 비하면 다소 실망스러운 결과였습니다.
> 하지만 저에게는 그렇게 많은 돈이 필요하지 않았습니다.
> 제 스스로 획득한 돈으로 코치와 함께 투어를 다니는 데 부족함을 느끼지 않았죠.
> 제가 왜 굳이 귀화를 선택할까요?
> 저는 세르비아인이고 그것이 자랑스럽습니다.
> 다른 국가가 좋은 제안을 했다고 그 사실을 망치고 싶지 않았어요.
> 물론 제가 영국을 위해 뛰었다면 세르비아를 위해서와 똑같이 최선을 다했겠지만,
> 똑같은 소속감을 느끼지 못했을 겁니다. 그 결정은 전적으로 제 몫이었습니다.

역사에 만약은 없지만 조코비치가 영국 국적을 택했다면 어떤 일이 벌어졌을까? 영국인으로 무려 77년 만에 윔블던 안방 승리를 일군 공로로 수여된 기사 작위는 앤디 머리가 아니라 노박 조코비치의 몫이 될 수도 있다. 그러나 그것이 과연 영국 국민과 조코비치에게 해피 엔딩이 될 수 있을까?

소수자의 반란이기에 그 가치가 더 빛을 발할 수 있었다고 생각한다. 모름지기 조코비치라는 테니스 역대 최고 선수의 서사 가운데 핵심은, 전쟁의 포화 속에서도 꿈과 희망을 포기하지 않고 집념의 도전을 성취한 세르비아 청년의 투쟁기로 정리될 수 있기 때문이다.

테니스는 왜

필자가 대학 동아리에서 테니스를 배울 때, 지금 생각해 보면 참 이상한 룰이 하나 있었다. 테니스를 칠 때 절대 검은색 양말을 신으면 안 된다는 것. 어쩌다 흰색 스포츠 양말을 못 챙겨와서 선배들 몰래 테니스화를 신고 나가면 여지없이 적발돼 라켓이 회수되는 사건이 신입부원들 사이에서는 빈번했고, 나 역시 양말을 못 챙긴 건망증을 원망하며 조용히 도서관으로 회군한 일이 다반사였다. 그때 선배들은 이렇게 말했다. "야 동네 아저씨냐, 검은 양말 신고 치게."

사실 테니스에서 흰 양말을 신어야 한다는 법은 없다. 4대 메이저 테니스 대회 가운데 하나인 US오픈을 보면 머리부터 발끝까지 무지개색으로 도배한 세계 정상급 선수들을 쉽게 발견할 수 있다. 이 흰 양말 고집 전통은 테니스의 상징이라고 볼 수 있는 윔블던 챔피언십이 정한 드레스 코드 규정의 대한민국 동호인식 변형에 가깝다. 셔츠와 바지는 물론이고 운동화 밑창과 심지어 은밀한 부위인 속옷까지 '유색'을 허용하지 않는 윔블던의 고집에서 파생된 나름대로 족보 있는 불문율인 셈이다. 실제로 테니스를 즐기는 사람들은 머릿속에 이런 생각들이 들어있다. '나는 지금 평민이 아닌 귀족들이 하는 고급스러운 스포츠를 누리고 있어.'라고. 속물근성이라 대놓고 말은 못 해도 마음속 깊은 곳에 이런 자기만족이 뿌리 깊게 자리하고 있는 걸 아마도 부인하지 못할 것이다. 그런데 어찌 보면 자의식 과잉인 이런 생각이 아주 근거가 없는 건 아니다. 실제로 테니스의 기원이 중세 시대 왕실이었기 때문이다. 16세기 영국 왕실을 묘사하는 다음과 같은 문장이 있다.

"엘리자베스 1세 여왕이 영국 햄프셔주의 엘브덤에서 하트퍼드 공작과 점심을 먹으며 휴식을 취하고 있을 때였다. 오후 3시쯤 되자, 10명의 하인이 잔디 위에 라인을 긋고 현대 테니스 코트 형태의 사각형을 만들었다. 이 모든 것은 '여왕 폐하의 지극한 즐거움'을 위해서였다."

테니스라는 운동이 어느 나라에서 어떻게 비롯됐는지는 메소포타미아 문명과 이집트 문명 중 어디가 먼저 태동했나를 다투는 것만큼이나 역사가들의 생각과 주장은 제각각이다. 진실이 무엇이든 테니스는 프랑스 루이 10세 재임(1314~1316년) 시절 귀족들의 스포츠로 기능했다. 실제로 루이 10세는 격렬한 테니스 경기 직후 항아리에 가득 담은 차가운 와인을 마시다 사망했다는 설도 제기된다.

역사가들의 의견이 대체로 일치하는 건 15세기 무렵 프랑스 왕실의 여가 시간을 보내는 용도로 테니스가 이미 널리 도입되어 있었고, 16세기 스페인 무적함대를 격파한 영국 엘리자베스 1세가 즐겨 찾은 소일거리였다는 것이다. 여기서 또 한 가지 일치하는 중요한 사실이 있다. 왕실 스포츠로서의 테니스는 대부분 귀족의 소유물이었던 잔디에서 열렸다는 점이다.

이스라엘의 인류학자 유발 하라리의 저작 〈호모

고급 스포츠로 불릴까?

데우스)에는 잔디를 인류 역사에서 귀족의 상징으로 규정지었다. 개인의 집과 공공건물 입구에 잔디를 심는다는 생각은 중세 말 프랑스와 영국 귀족들의 저택에서 탄생했고, 이 습관이야말로 근대 초기 귀족을 상징하는 표식이었다는 것이다. 그도 그럴 것이, 잘 관리된 잔디밭을 갖기 위해서는 땅은 물론이고 많은 노동력이 필요하기

때문인데, 귀족들이니 이런 여유와 권리를 누리는 게 가능했을 것이다. 따라서 테니스는 잔디에서 출발했고, 적어도 초창기에는 귀족들 외에 할 수 없는 운동이었다는 결론에 자연스럽게 이르게 된다.

18, 19세기 들어서 테니스는 왕실뿐 아니라 전반적인 귀족 계층에서 즐기는 문화로 각광받았는데, 이는 당시 미술 작품들을 통해서 실현된다. 유채화를 통해 구현된 옛 테니스 가든파티의 모습은, 남자뿐 아니라 특히 여성

귀족들이 발 아래까지 내려오는 두터운 치마를 입은 채 푸른 잔디가 깔린 정원 위에 간이 네트를 세워놓고 나무로 만든 작은 크기의 라켓을 휘두르는 동안, 그 옆에는 멋진 티테이블 혹은 화려한 무늬가 담긴 양탄자 같은 돗자리에 오손도손 모여 차와 다과를 즐기는 모습이 그려진다.

이는 테니스가 정식 스포츠 종목으로 발돋움한 20세기 초, 윔블던이나 프랑스오픈의 흑백 사진에서도 쉽게 관찰할 수 있는 풍경이다. 20세기 초반 세계에서 가장 테니스를 잘 친다고 정평이 났던 프랑스의 수잔 랑랑은 발목까지 내려오는 긴 치마를 입고, 머리에 회색 두건을 질끈 묶은 채 그녀를 상징하는 매부리코만큼이나 날카롭고 기세등등한 테니스 샷을 날려 남자들의 경탄과 동경, 때로는 두려움에 가득한 시선을 한 몸에 받기도 했다.

따라서 요즘 테니스 관련 매장에서 볼 수 있는 세련된 유니폼이 다른 종목에 비해 어딘지 모르게 신사 숙녀들이 입는 듯 단정해 보이는 이유를 바로 이 왕실에서 출발한 귀족 스포츠였다는 데에서 찾을 수 있다. 테니스 의류 가운데 가장 비싼 편에 속하고, 눈에 익은 악어 로고로 유명한 라코스테는 실제로 20세기 초 프랑스의 세계적인 테니스 선수인 르네 라코스테가 론칭한 브랜드인데, 당시 라코스테가 윔블던 녹색 잔디에서 뛰고 있는 모습을 담은 사진을 보면 흰색 긴 바지에 와이셔츠 긴팔을 접어 올리고, 베레모 같은 흰색 모자를 눌러쓴 상태에서 나무 라켓을 절도 있게 휘두르고 있다.

라코스테는 이른바 '폴로 셔츠'라고 불리는 스포츠용 반팔 유니폼의 창시자로 불리는데, 정갈한 목 칼라가 있는 셔츠를 입고 테니스를 쳐야 한다는 업계 불문율은 이미 이때부터 강조되었던 셈이다. 라코스테가 프랑스의 테니스 의류 개척자였다면, 바다 건너 영국에서는 윔블던을 정복한 전설적인 선수였던 프레드 페리가 자신의 이름을 내건 폴로 셔츠를 세계적으로 유행시키기도 했고, 지금도 프레드 페리라는 의류 브랜드는 백화점 매장에서 쉽게 방문할 수 있다.

JUMP

도약

노박 조코비치는 정글 같은 ATP 남자 테니스 무대에서 빠르게 성장해 갔다.
첫 그랜드슬램 무대를 경험한 지 불과 2년도 채 안 되어 조코비치는 당시
확실한 2강 체제를 구축하고 있던 페더러와 나달의 뒤를 이은 3인자로 떠올랐다.
하지만 조코비치에게는 두 번째 도약이 절실했다.
3등이 아닌 1등이 되기 위해서.

윔블던 우승과 세계랭킹 1위라는 두 가지
큰일을 해냈지만 여기서 멈추지 않을 것이다.
나는 테니스 챔피언이 되기를 원하고
그게 내가 태어난 이유다.

_ 노박 조코비치

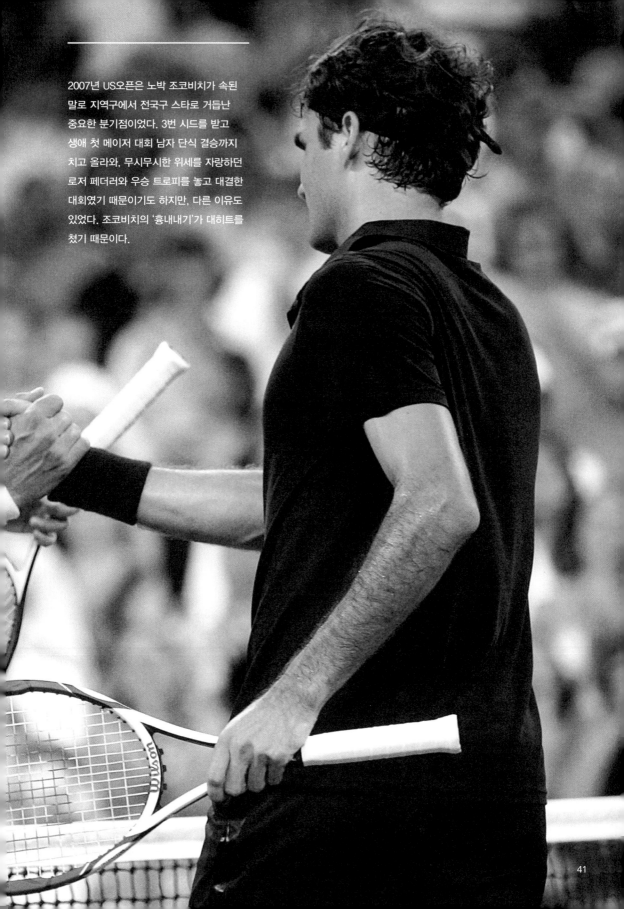

01

2007년 US오픈은 노박 조코비치가 속된
말로 지역구에서 전국구 스타로 거듭난
중요한 분기점이었다. 3번 시드를 받고
생애 첫 메이저 대회 남자 단식 결승까지
치고 올라와, 무시무시한 위세를 자랑하던
로저 페더러와 우승 트로피를 놓고 대결한
대회였기 때문이기도 하지만, 다른 이유도
있었다. 조코비치의 '흉내내기'가 대히트를
쳤기 때문이다.

여전히 유튜브 영상으로 널리 회자되고 있는 이 시기 조코비치의 다른 선수 흉내내기는 타의 추종을 불허한다. 히트곡 1위는 단연 마리아 샤라포바 따라 하기. 러시아의 테니스 요정으로 주가를 한창 올리고 있던 샤라포바의 서브 전 독특한 자세, 양쪽 귀밑머리를 쓰다듬고 우아하게 와인드업 자세를 한 뒤, 요란스러운 괴성과 함께 서브를 때리는 샤라포바의 특징적인 동작을 잘 잡아냈다. 히트곡 2위는 필생의 라이벌 라파엘 나달의 트레이드마크인 서브 루틴. 전 세계 스포츠 선수 가운데 가장 확실한 루틴 동작을 소유한 장본인이다. 왼손으로 라켓을 잡고 공을 몇 차례 튀긴 뒤, 칠부바지 엉덩이 쪽 팬티를 한번 잡아당기는 동시에 '반드시' 코를 매만진 다음, 무릎을 낮추고 오른손으로 공을 던져 라켓으로 냅다 후려친다.

이밖에 존 매켄로, 보리스 베커 등 80년대 전설들까지 조코비치의 흉내내기 레퍼토리에 단골로 등장한다. 대략 이 시기부터 조코비치에게 또 하나의 중요한 '애칭'이 따라붙기 시작하는데, 그것은 바로 조코비치의 이름 철자에서 따온 '조커(Djoker)'였다.

영화 배트맨의 빌런으로 등장하는 조커는 21세기 다양한 리메이크 작품을 통해 매우 복합적인 캐릭터로 그려진다. 크리스토퍼 놀란 감독이 연출한 '다크나이트'에서 히스 레저가 분한 조커는 악인의 전형이긴 하지만 선과 악의 경계 속에서 미묘한 줄타기를 하는 존재로 그려진다. 이후 배우 호아킨 피닉스가 주연을 맡은 '조커'는 위선으로 가득한 세상을 향한 거침없는 독설과 광기, 분노 표출을 통해 더욱 심도 있는 캐릭터로 거듭난다. 내면의 승부욕을 광대처럼 가벼운 행동으로 감추는 듯 보이는 조코비치는 테니스계의 조커라고 부를 만했다.

조코비치의 2007년 여정 자체가 영화 캐릭터 조커의 행보를 떠오르게 한다. 이때부터 고담 시티의 히어로인 배트맨과 로빈이 조커라는 제3의 인물에게 본격적으로 도전받는다. 19살을 갓 넘긴 2007년 세계 랭킹 16위로 출발한 조코비치는 파죽지세라는 말이 어울릴 정도로 근 3년 가까이 테니스계를 양분하고 있던 페더러와 나달의 영토를 침범하기 시작했다. 3월 미국 마이애미에서 열린 마스터스 시리즈에서 조코비치는 남자 테니스의 '천하 삼분지계'를 본격 실현했다. 8강전에서 나달을 만나

파워풀한 스트로크를 주고받은 끝에 승리를 거두고
결승까지 올라 처음 마스터스 시리즈 트로피를 거머쥔
것이다. 조코비치가 최초로 나달을 꺾은 기념비적인
대회이기도 했다.

조커의 고담시 공격은 늦여름 북미 하드 코트 시즌에
정점을 찍었다. 캐나다 몬트리올에서 열린 마스터스
시리즈에서 조코비치는 세계 랭킹 3위 앤디 로딕을
8강에서, 2위 나달을 4강에서 꺾은 뒤, 적어도
하드코트에서는 난공불락으로 군림하던 1위 로저
페더러를 풀세트 접전 끝에 꺾었다. 아마도 마스터스
시리즈 역사상 가장 뛰어난 성취 가운데 하나로 인정될
이 대첩으로 인해 조코비치는 페더러와 나달을 턱밑까지
위협하는 세계 랭킹 3위로 올라설 수 있었다.

당시에도 커다란 충격이었지만, 그로부터 약 15년의
시간이 흐른 지금 몬트리올 마스터스 시리즈에서
조코비치와 페더러가 벌인 결승전 명승부는 일종의
예고편이었다고 결론 내릴 수 있다. 조코비치의 테크닉이
얼마나 완벽하고, 괴물 같은 정신력을 소유하고 있으며,
얼마나 물샐틈없는 리턴 능력을 갖추고 있는지를 일종의

복선처럼 보여줬다고 해야 할까.

2019년 윔블던 결승전의 스코어를 아직도 기억하는
우리에게 2007년 몬트리올 마스터스 시리즈 결승전은
미래의 사건을 예견케 한 의미심장한 승부이기도
했다. 결승전 1세트 페더러는 6-5로 앞섰고 자신의
서브권에서 40-0을 스코어보드에 기록하고 있었다.
누가 봐도 페더러의 1세트 승리가 눈앞에 있었다.
하지만 조코비치는 거짓말처럼 페더러의 40-0 서브권
리드를 붙들고 늘어져 듀스를 만들었다. 여기까지는
그래도 이해할 만하다. 페더러는 그 뒤에도 3차례나
먼저 어드밴티지에 도달해 총 6차례 세트 포인트를
잡았다. 하지만 조코비치는 끝까지 세트 포인트를
내주기 거부했고 결국 승부를 6-6 타이 브레이크로
몰아간 뒤 끝내 승부를 뒤집었다.

그런데 여기서 우리가 유념해야 할 지점은, 당시 로저
페더러는 전성기 중의 전성기를 구가하고 있는, 무적의
테니스 황제였다는 점이다. 압도적인 세계 랭킹 1위를
2004년부터 4년간 끄떡없이 지키고 있었고, 클레이의
라파엘 나달 외에는 사실상 적수가 없었던 때였다.

조코비치는 이에 앞서 3월 마이애미 마스터스 결승전에서 기예르모
카나스를 꺾고 생애 첫 마스터스 시리즈를 우승했다. 하지만 두 번째
우승컵의 의미는 그보다 곱절은 컸다. 물론 마이애미에서도 8강에서
세계 2위 라파엘 나달과 치열한 접전 끝에 승리를 거뒀지만, 북미 하드
코트 시즌에 세계 1위 로저 페더러를 넘어서는 것과는 차원이 다른
일이었다. 그만큼 2007년 페더러의 위상은 압도적이었다.

페더러는 약 3주 뒤 US오픈에서 조코비치에게 3–0 완승을 거두며
캐나다 마스터스의 아픔을 갚아줬다. 하지만 과정을 자세히 들여다보면
페더러는 1, 2세트 모두 조코비치에게 세트 포인트를 내줄 위기에
몰렸고, 이를 4년 연속 세계 1위를 이어가고 있는 경험과 배짱으로
극복해 냈다고 보는 편이 정확한 평가일 것이다. 조코비치는 페더러와
하드 코트에서 힘 대 힘의 대결로 밀리지 않는 유일한 대항마라는 걸
분명히 보여줬고, 이는 5개월 뒤인 2008년 호주오픈에서 입증됐다.

2007년 몬트리올 마스터스 이전까지 페더러의 강력한 창이 뚫지
못하는 방패는 없었다. 그런데 조코비치는 달랐다. 페더러의 첫 서브가
아무리 날카롭게 들어와도 조코비치의 탄탄한 리턴을 만나면, 그
공은 페더러가 참으로 싫어하는 발밑으로 깊숙이 떨어지기 일쑤였고,
페더러는 만면에 짜증이 가득한 표정으로 찰거머리 같은 조코비치의
리턴 공세를 견뎌야 했다. 페더러의 동시대 라이벌인 휴이트와 로딕,
사핀은 조코비치처럼 이런 종류의 도전을 페더러에게 결코 선사하지
못했다.

이 초창기 페더러–조코비치의 공수 다이내믹은 시간이 흐르면
흐를수록 후자에 유리한 측면으로 전개됐다. 날카로운 창을 막아내는
방패의 견고함은 점점 난공불락처럼 되어갔고, 페더러는 훗날 40–
15라는 '서빙 포 더 매치' 상황에서 두 차례의 뼈아픈 패배를 겪으며
그랜드슬램 타이틀을 조코비치에게 헌납해야 하는 가혹한 운명의
주인공이 되고 말았다. 2007년 캐나다 몬트리올에서 열린 마스터스
결승전은 훗날 조코비치가 남자 테니스에 퍼뜨린 '완벽함과 지독함'의
서막을 열어젖히는 운명적인 한판 승부였고, 페더러와 나달이 지배하고
있던 세계 남자 테니스계에 지각 변동을 예고하게 만든 서곡이었다.

처음에는 제가 조코비치를 제대로 평가하지 못했습니다. 기술적 결함이 보였기 때문이죠.
제 생각에 초창기 조코비치는 라켓 그립을 너무 극한으로 돌려 잡았고 백핸드도 지금처럼 부드럽지 못했죠.
그럴지만 조코비치는 더 강하게 단련했고 믿을 수 없는 괴물이 되어버렸습니다.

ROGER FEDERER _____

02

식사가
잘못되었습니다

조코비치는 2008년 1월 호주 멜버른에서
그의 첫 번째 메이저 우승 트로피를 들어
올렸다. 철옹성처럼 권좌를 지키고 있던 로저
페더러를 4강에서 격침했는데, 놀랍게도
3-0의 일방적인 승리였다. 그전까지 페더러는
메이저 대회 10회 연속 결승 진출이라는 듣도
보도 못한 기록 행진을 이어가고 있던 터였다.
이 시기 페더러는 사실 약간 힘이 빠져 있는
상태였다. 호주오픈이 끝난 직후 밝혀진 사실에
따르면 페더러는 '모노'라고 불리는 전염성 단핵증에
걸려 있었지만, 그럼에도 조코비치가 페더러를 하드
코트 메이저 대회에서 3-0으로 셧아웃시킨 건 커다란
충격이었다. 조코비치는 결승전에서 또 다른 젊은 기대주인
프랑스의 조 윌프리드 송가를 만나 3-1로 역전승하고 대망의
메이저 우승을 차지했다.
조코비치를 오래 뒷바라지한 부모와 가족들은 감개무량했고,
무엇보다 페더러와 나달이라는 양대 산맥의 지배 구조를
조코비치가 앞으로 영원히 바꿔놓으리란 기대에 충만했다. 하지만
조코비치와 가족들의 바람과 달리 '조코비치의 시대'는 오지 않았다.
여전히 조코비치에게는 한 가지 풀지 못한 숙제가 있었다. 기술적으로는
페더러와 나달에게 뒤질 게 없었지만, 체력전에서 그의 부족한 역량이
드러났다. 조코비치는 특히 나달과의 숨 막히는 체력전을 벌일 때가 적지
않았는데 매 포인트마다 마치 매치 포인트처럼 격렬하게 달려드는 나달의
끈기와 승부욕 앞에 번번이 무릎을 꿇을 수밖에 없었다. 간간이 하드
코트에서 열리는 대회에서 나달이나 페더러에게 일격을 가할 때도 있었지만,
메이저 대회에서는 늘 두 명의 위대한 산을 넘지 못하고 주저앉았다.

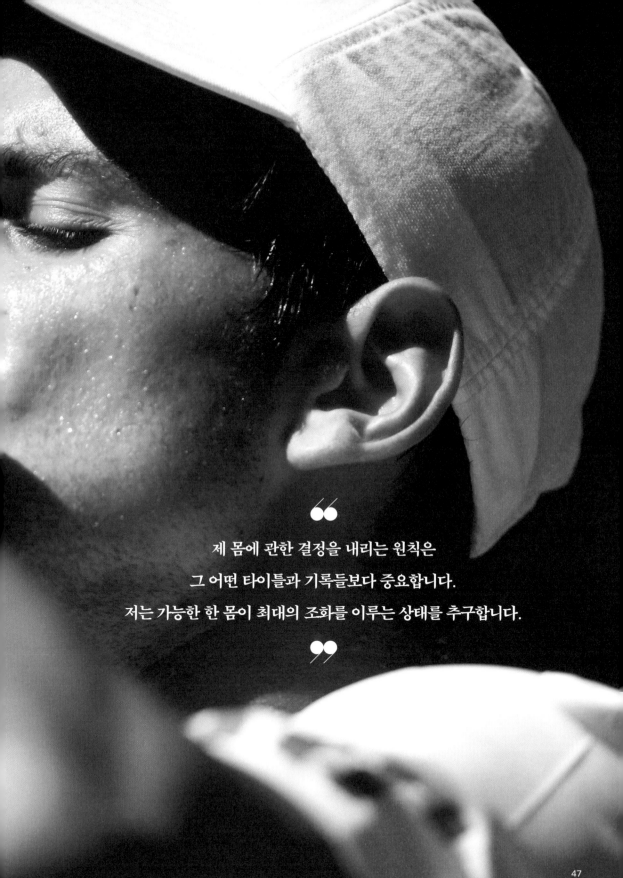

66

제 몸에 관한 결정을 내리는 원칙은
그 어떤 타이틀과 기록들보다 중요합니다.
저는 가능한 한 몸이 최대의 조화를 이루는 상태를 추구합니다.

99

조코비치가 스무 살의 나이에 메이저 트로피를 들어 올린 지 어느덧 약 2년이 지난 2010년 1월,
호주오픈을 앞둔 그의 커리어는 답보 상태에 빠져 있었다. 그리고 결정타가 찾아왔다. 2년 전
결승에서 격돌한 송가를 8강에서 다시 만났는데, 5세트에서 와르르 무너져버리고 만 것이다.
1년 전에도 유사한 졸전을 펼친 조코비치였기에 사태의 심각성은 더했다. 2009년 호주오픈에서
조코비치는 디펜딩 챔피언 자격으로 8강까지 올라갔는데, 분명 경기력 면에서 한 수 아래라고
볼 수 있는 앤디 로딕에게 기권패했다. 이때 호주는 낮 기온이 섭씨 40도까지 올라가는 폭염이
지속됐는데, 조코비치는 그 무더위를 견뎌낼 체력과 정신력을 갖추지 못했다.

조코비치가 2010년 1월 호주에서 송가에게 마지막 세트를 6-1로 무기력하게 내주고 있던
그때, 크로아티아의 한 카페에서 이 경기를 TV로 지켜보던 보스니아 출신 세르비아 의사가
있었다. 이고르 체토예비치 박사는 조코비치가 포인트 사이마다 제대로 숨을 가누지 못하는
모습을 흥미롭게 지켜봤다.

체토예비치와 조코비치의 첫 대면 일화는 영화나 소설 속의 한 장면 같았다. 체토예비치 박사는
조코비치에게 "오른팔을 들어보세요"라고 했고, 조코비치는 오른팔을 들었다. 체토예비치
박사는 완력으로 그 오른팔을 밑으로 내리기 위해 힘줘 밀었다. 세계적인 테니스 스타답게
조코비치의 힘은 강했다. 잘 내려가지 않고 버틸 수 있었다. 이번에는 조코비치에게 밀가루로 된
빵을 하나 건네줬다. 왼손으로 그 빵을 집은 상태에서 똑같은 실험을 했다. 이럴 수가. 놀랍게도
조코비치는 더 이상 버틸 수 없었고, 힘없이 체토예비치의 완력에 굴복했다.

사이비 약장수에서 들을 법한 일화이지만, 조코비치는 자서전은 물론 BBC 등 해외 유력
언론과 인터뷰에서 이 사실을 거리낌 없이 밝힌다. 조코비치는 보리, 호밀, 밀 등의 곡물에

최고의 선수가 반드시 승리하는 것은 아닙니다.
주변 환경에 가장 잘 적응하고
신체적 정신적 감정적으로 평온을
유지할 수 있는 사람이 승리합니다.

존재하는 불용성 단백질 혼합물인 글루텐에 민감한 체질임을 그때 체토예비치 박사에 의해 처음 알게 됐다. 체토예비치 박사는 글루텐으로 이뤄진 모든 음식을 멀리 하라고 조언했다. 2주간의 실험을 통해 조코비치는 글루텐-프리 다이어트가 자신에게 놀라운 변화를 가져다줬다는 걸 체험했다.

사실 조코비치에게 글루텐이 빠진 음식을 먹고 살라는 건 굉장히 힘든 제안이었다. 아이러니하게도 그의 아버지는 왕년에 피자집 사장님이었고, 빵과 치즈, 스파게티 등 유럽인들의 주식에는 글루텐 성분이 많이 들어있다. 도대체 무엇을 먹고 살라는 말인가. 게다가 운동선수에게 음식을 통한 영양 공급은 일반인들보다 훨씬 중요한 일이다. 실제로 글루텐-프리 다이어트가 조코비치의 테니스 커리어를 송두리째 바꿔놓은 '게임 체인저' 역할을 했다고 수년간 널리 알려졌지만, 그 과정에서 겪는 어려움과 시행착오는 적지 않았다. 무엇보다 피지컬 트레이너 입장에서 봤을 때 조코비치의 글루텐-프리 다이어트는 눈에 띄는 근력 감소를 불러왔다. 피지컬 트레이닝이 요구하는 강도 높은 동작을 수행하기 어려울 정도로 점점 삐쩍 말라가는 몸의 변화는 분명 우려할 만한 지점이었다.
그러나 조코비치에게는 이러한 난관을 극복하는 강인한 정신력이 있었다. 그는 이 글루텐-프리 다이어트를 단순한 식이요법의 개념을 넘어 고차원적인 요법으로 받아들였다. 바로 '힐링'의 관점이었다. 몸뿐만 아니라 정신의 건강까지 고려한 조코비치의 해법 찾기였다. 실제로 조코비치는 훗날 코로나 바이러스 백신 접종을 거부해 국제적인 이슈를 낳기도 했는데, 이 역시 조코비치의 일관된 철학, 즉 몸과 마음의 힐링을 추구하는 집착으로 인한 결과였다.
조코비치는 만 스무 살에 메이저 대회를 우승한 뛰어난 선수였지만 여전히 최정상과 격차가 적지 않은 3인자였다. 그는 2년이 넘는 시간동안 성공과 실패를 반복하면서 정상 정복을 노렸지만, 여의치 않았다. 그래서 변화를 추구했고, 마침내 답을 찾았다. 글루텐-프리 다이어트로 새로운 몸과 정신을 획득한 뉴 조코비치의 위력은 이미 2010년 후반부터 증명되고 있었다. US오픈에서 3년 연속으로 패했던 페더러를 5세트 접전 끝에 물리쳤고, 연말에는 테니스 국가대항전 데이비스컵에서 조국 세르비아의 첫 우승을 이끌었다. 1인자로 올라설 준비는 모두 끝났다. 그리고 테니스 역사상 최고의 센세이션을 일으킨 2011년이 다가오고 있었다.

부모님이 피자 식당 '레드불'을 운영했기 때문에 나는 어린 시절 수년간 피자를 먹으며 자랐다.

배가 고플 때면 예사로 피자 한 조각을 움켜쥐었다.

그때는 피자를 먹는 것이 편리하다는 이유뿐 아니라 트레이닝 관점에서도 효과적일 것 같았다.

나는 정말 오랜 세월 피자를 너무 많이 먹었다.

그래서 글루텐, 유제품 과민증이 생긴 게 아닐까 싶다.

하지만 결말이 좋긴 하다. 내 새로운 식이요법이 성공하는 걸 본 우리 가족이

세르비아에 글루텐-프리 식당 체인점을 열었기 때문이다.

이름은 정말 단순하다.

'노박'

조코비치 자서전 <SERVE TO WIN>에서

DiET

조코비치가 DJOKOVIC 소개한 월요일 식단

Morning
- 기상 직후 가장 먼저 물
- 꿀 2테이블스푼
- 무가당 아몬드 우유 혹은 쌀 우유와 파워볼 뮤즐리
- 과일

DESERT 아보카도와 참치를 곁들인 글루텐 프리 빵이나 크래커

Lunch
- 믹스드 그린 샐러드
- 글루텐 프리 파스타 프리마베라

DESERT 캐슈버터와 사과 / 캔털루프, 수박, 혹은 다른 멜론 종류

Dinner
- 퀴노아를 넣은 케일 시저 샐러드
- 야채와 파스타를 넣은 이탈리아식 수프
- 허브로 양념한 간단한 연어 요리

IBM   SPEED of SERVE
105mph
www.wimbledon.com

노박 조코비치의 테니스 인생에서 딱 1년의 시간을 돌아본다면? 아마 그의 테니스 경력에서 가장 중요하고, 또 오래 잊히지 않을 2011년을 선택할 것이다. 감히 남자 테니스 역사의 물줄기를 바꾼 대전환의 해라고 부를 만하다. 알렉산더 대왕이 다리우스의 페르시아를 이소스 전투에서 물리치고, 로마 제국 역사에서 카이사르가 루비콘강을 건너고, 삼국지에서 제갈공명이 동남풍을 불러 적벽대전을 완성한 것과 같은 역사적 사건이 코트에서 일어난 것이다. 그것은 바로 권력 이동의 출발점이었다. 2011년 시즌의 문을 열어젖힌 첫 그랜드슬램 대회는 호주오픈이었다. 이 대회의 디펜딩 챔피언은 로저 페더러였고, 세계 1위 라파엘 나달은 지난해 프랑스오픈부터 윔블던, US오픈을 차례로 우승한 직후 호주오픈에서 4연속 슬램 우승이라는 대업에 도전하고 있었다. 이것이 뜻하는 바는 2011년 새해 벽두 이 둘의 기량은 최정점에서 결코 내려오지 않은 상태였다는 것이다. 당연히 세간의 관심은 영원한 3인자 조코비치가 아닌, 이 두 명의 슈퍼히어로에게 집중될 수밖에 없었다.

그런데 나달이 8강에서 부상 여파 탓에 같은 스페인 대표팀 동료 다비드 페레르에게 탈락했다. 페더러와
조코비치는 대진표상으로 4강에서 격돌할 운명이었다. 이 경기 승자가 우승할 확률이 높았다. 모두가
페더러의 우세를 점쳤다. 직전 해 8월 US오픈 준결승전에서 조코비치가 기적처럼 5세트 역전승을
일궈냈지만, 그 이후 상하이 마스터스와 스위스 바젤오픈, 그리고 ATP 파이널스에서 3연속으로
조코비치는 페더러에게 한 세트도 따내지 못하고 완패했기 때문이다.

하지만 사람들은 한 가지 중요한 사실을 모르고 있었다. 조코비치의 글루텐-프리 다이어트 효과가
만개하기 시작했다는 점이다. 준결승전에서 조코비치는 전혀 다른 선수처럼 보였다. 그는 공격의 제왕
로저 페더러에게 수동적인 수비가 아닌 선공을 하는 테니스를 선보였고, 가장 결정적으로 조코비치가
자신있게 휘두른 포핸드 스윙은 로저 페더러를 당황하게 만들었다. 2세트에서 한때 페더러의 노련한
작전이 먹혀 잠시 리드를 빼앗기긴 했지만, 조코비치는 특유의 끈끈한 리턴과 긴 랠리에서도 실수
없이 안정적인 공격으로 로저 페더러를 물리칠 수 있었다. 3년 전 멜버른에서 페더러를 한번 꺾은
적 있었지만, 이번에는 그때보다 조코비치의 우위가 확실히 두드러졌다. 변명의 여지가 없는 완패에
페더러도 고개를 숙일 수밖에 없었다.

조코비치는 결국 3년 만에 같은 장소에서 두 번째 메이저 트로피를 들어 올렸다. 잘 성장한 동갑내기
라이벌 앤디 머리 역시 결승에서 조코비치에게 도전장을 던졌지만, 적수가 되지 못했다. 3-0 완승이었다.
그러나 조코비치의 반짝 우승일 것이라는 시각이 우세했다. 언제나 그랬듯 조코비치보다 앞선 랭킹의
소유자인 두 명의 절대 강자들이 때가 되면 다시 권좌를 되찾을 것이라는 반응이었다. 하지만 조코비치는
세상의 시각을 비웃듯 아무도 예상하지 못한 경이적인 연승 행진을 이어가기 시작했다.

저는 늘 페더러와 나달, 두 명을 이길 수 있는 능력이 있다고 믿었습니다. 메이저 대회를 우승할 수

있다고 언제나 생각했죠. 그러한 믿음이 있었기에 지금 이 챔피언의 위치에 오를 수 있었던 것입니다.

해마다 3월이면 북미에서 연속으로 열리는 대규모 테니스 대회가 있다. 캘리포니아주 사막 한복판에서 열리는 인디언웰스 오픈, 그리고 미국 드라마 CSI 시리즈로 유명한, 뜨거운 햇살과 해변이 압권인 마이애미 오픈이다. 두 대회는 모두 그랜드슬램 다음가는 랭킹 점수 1,000점을 부여하는 마스터스 시리즈로, 중립지대인 하드 코트에서 열린다. 이 시기 즈음에는 세계 랭킹 선수들의 컨디션이 가장 좋을 뿐 아니라 한주 간격으로 오픈되기 때문에 이 두 대회를 동시 석권하는 건 사실상 그랜드슬램 대회 우승만큼이나 어려웠다. 그래서 인디언웰스와 마이애미를 한꺼번에 정복하는 선수에게는 '선샤인 더블'이라는 찬사를 붙이기도 한다.

조코비치가 2006년 로저 페더러 이후 5년 만에 그 어렵다는 '선샤인 더블'을 달성하자, 비로소 세간의 평가가 달라지기 시작했다. 조코비치가 나달, 페더러라는 양대 산맥을 넘어선 현시점 세계 최고의 선수가 아니냐는 의견까지 조심스럽게 나왔다. 이 무렵 조코비치의 연승 기록은 어느덧 '24'까지 이어졌다.

그러나 2011년이 세계 테니스 역사에 남을 걸출한 시즌이 된 가장 결정적인 이유는 4월~5월, 이 2개월의 시간 때문일 것이다. 이때 조코비치는 종전까지 아무도 해내지 못한 '그 일'을 해냈다. 바로 흙신 나달에게 그의 텃밭인 클레이 코트 위에서 2번 연속 뼈아픈 패배를 안긴 것이다.

이것이 얼마나 대단한 기록이냐면, 나달은 2001년을 시작으로 프로페셔널 커리어를 통틀어 클레이 코트에서 특정인에게 연패를 허용한 적이 없었다. 2005년 그가 흙신에 등극한 이후 81연승을 내달리다 로저 페더러에게 함부르크 마스터스에서 제동이 걸린 적 있었지만, 나달은 결코 클레이에서 두 번 연속 패배를 내주지 않았다. 그런데 2011년 그 '언빌리버블한' 사건이 발생한 것이다. 조코비치는 클레이에서 열리는 마스터스 시리즈인 마드리드 오픈과 로마 오픈에서 두 번 연속, 그것도 결승전에서 나달을 꺾고 챔피언에 올랐다.

이 결과는 당시 사람들을 커다란 충격에 빠뜨렸다. 부상도 없는 나달이 클레이에서 누군가에게 패할 수 있고, 그뿐 아니라 두 번 연속 중요한 결승전 무대에서 패한다? 노박 조코비치는 2011년 봄의 헤드라인을 온통 장식했고, 그 어느 때보다 커다란 기대를 한 몸에 받으며 대망의 시즌 두 번째 메이저 대회인 롤랑가로스에 출격하게 됐다.

하지만 테니스의 신은 조코비치의 '퍼펙트'한 행진에 심술을 부렸다. 조코비치는 롤랑가로스의 끝판왕 격인 나달을 만나기 직전 준결승전에서 관록의 로저 페더러에게 졌다. 이로 인해 조코비치의 21세기 한 시즌 최다 연승 기록은 42연승에서 멈춰 서게 됐다.

조코비치의 4강 탈락으로 라파엘 나달이 다시금 흙신의 위용을 지킬 수 있었다. 하지만 조코비치의 상승세는 한 번의 패배로 꺾일 성질의 것이 아니었다. 어릴 적 꿈이었던 윔블던에서 최후의 승자가 돼, 잔디를 한 움큼 뽑아 씹어먹는 '조코비치 윔블던 세리머니'를 처음 대중에 선보였다. 이후 조코비치는 6차례나 더 똑같은 세리머니를 재현할 수 있었다.

조코비치의 기세는 시즌 마지막 메이저 대회 US오픈까지 이어졌는데, 여기서 조코비치는 페더러와 나달을 4강과 결승에서 차례차례 물리치는 괴력을 뽐냈다. 특히 주목받은 건, 로저 페더러와의 4강전이었다. 조코비치는 페더러에게 먼저 두 세트를 빼앗겼을 뿐 아니라, 마지막 5세트에서도 40-15로 몰려 있었지만, 끝까지 포기하지 않는 악바리 같은 근성으로 승부를 뒤집을 수 있었다. 이 과정에서 조코비치는 로저 페더러가 40-15 매치 포인트를 잡고 때린 서브를 과감한 포핸드 리턴 위너로 만들어 경기의 흐름을 뒤바꿨는데, 이는 훗날 두고두고 회자되는 노박 조코비치 최고의 명장면이다.

조코비치의 기념비적인 2011시즌은 70승 6패, 11개의 타이틀로 마무리됐다. 그럼에도 2% 부족한 건 있었다. 그가 시즌 막바지까지 유종의 미를 거두지는 못했기 때문이다. US오픈이 종료된 시점까지 조코비치는 딱 한 번 졌다. 롤랑가로스 4강전에서 로저 페더러에게 패한 게 전부였다. 하지만 한해 메이저 3개 대회를 휩쓴 조코비치는 너무 많은 힘을 쏟아부은 탓인지, 후반기에 제동이 걸렸다. 엄밀히 말해 주저앉았다기보다

다음 해를 기약하는 행보에 가까웠다. 조코비치는
이후 데이비스컵과 군소 투어 대회에서 델 포트로,
니시코리에게 졌고 연말 왕중왕전인 ATP 파이널스에서도
조별 라운드 로빈에서 2패를 당하고 4강 진출에
실패했다.

저는 지금 아마도 지난 2∼3년 전에는
구사하지 못하는 샷을 치고 있다고 생각합니다.
보다 공격적으로 바뀌었고,
메이저 대회 준결승이나 결승전에 임하는
마음가짐도 달라졌습니다.
특히 로저와 라파라는 두 명의 챔피언을
상대할 때는요.

마무리는 약했지만, 조코비치의 2011시즌은 여전히
프로와 아마추어가 함께 경쟁하는 1968년 오픈 시대
개막 이후, 현대 테니스 역사상 가장 빛나는 성취로
꼽힌다. 이유는 무엇보다 나달과 페더러가 여전히 서슬
퍼런 전성기일 때, 그들을 실질적인 실력으로 제압하고
최정상의 자리에 올라선 시즌이었기 때문이다. 2011년
이후 조코비치는 10년 넘게 나달, 페더러와 승패를
주고받는 경합을 펼쳤지만, 이때처럼 압도한 적은
없었다. 페더러를 상대로 4승 1패, 나달을 상대로는 6전
전승이었다.
2011년은 조코비치가 글루텐-프리 다이어트에 성공한
뒤 '환골탈태'한 첫 시즌이었다. 여전히 비평가들은
조코비치의 '롱런' 가능성에 대해 반신반의했다.
2012년에는 나달과 페더러가 와신상담할 것이라는
전망이 다수였다. 하지만 조코비치는 멈추지 않았다. 두
번 다시 3인자로 내려서지 않겠다고, 조코비치는 굳게
다짐했다.

미사일 폭격의 공포에 어린 시절 트라우마를 안고 성장한 한 세르비아 소년의 꿈은 2011년 마침내 이뤄졌다. 그로부터 약 5년 동안 조코비치는 이른바 '빅4 시대'의 선두 주자로 군림하며 갖가지 위대한 테니스 기록과 감동적인 명승부를 양산했다. 남자 테니스 최고 황금기로 부르는 빅4의 시대는 2010년부터 2016년까지라고 볼 수 있는데, 이 기간 권좌 꼭대기 자리에 가장 흔들림 없이 오래 머문 주인공은 페더러도, 나달도 아닌 조코비치였다.

"

**저는 모든 것을 완벽하게 할 수 있는 선수와 경기했습니다.
이러한 테니스를 친 선수가 또 있었을지 저는 잘 모르겠습니다.
이 스포츠에 뛰어든 이후 저는 누군가가 이 정도 레벨의
기량을 보여준 것을 목격한 적이 없습니다.**

"

라파엘 나달 2016년 도하 오픈 결승전 패배 직후

59

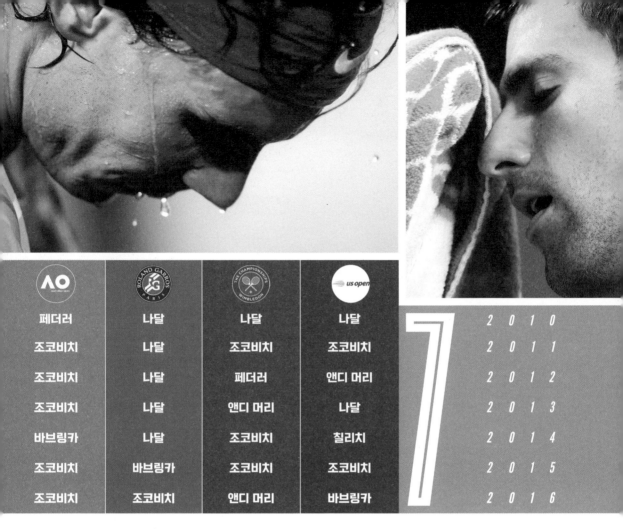

AO	ROLAND GARROS PARIS	THE CHAMPIONSHIPS WIMBLEDON	us open	7	
페더러	나달	나달	나달		2 0 1 0
조코비치	나달	조코비치	조코비치		2 0 1 1
조코비치	나달	페더러	앤디 머리		2 0 1 2
조코비치	나달	앤디 머리	나달		2 0 1 3
바브링카	나달	조코비치	칠리치		2 0 1 4
조코비치	바브링카	조코비치	조코비치		2 0 1 5
조코비치	조코비치	앤디 머리	바브링카		2 0 1 6

2010년부터 2016년, 이 기간 조코비치는 11차례 그랜드슬램 우승을 달성해, 나달(8회)을 제치고 시대의 1인자임을 숫자로 증명했다. 시대의 지배자를 구분하는 또 하나의 잣대인 연말 세계 랭킹 1위 횟수에서도 조코비치는 빅4 가운데 1등이었다. 2011년과 2012년, 2014년과 2015년까지 총 4차례 연말 1위를 달성했다. 이 시기야말로 노박 조코비치 제1전성기라고 부를 수 있는데, 이때 조코비치 인생은 물론 현대 테니스 역사에 길이 남을 '대첩'이 하나 있었으니, 바로 2012년 호주오픈 결승전이다. 페더러와 나달, 조코비치가 서로 물고 물리기를 반복한 이 시대의 가장 큰 수확은 뭐니 뭐니 해도 수십 년간 회자될 클래식 명승부들이 쏟아져 나왔다는 점이다. 거장들은 서로 만나면 능력의 극대치를 갱신해가며 다른 차원의 경기력을 보여주곤 한다. 대표적인 명승부로 2008년 윔블던 결승전 페더러와 나달의 대결을 꼽을 수 있고, 그 뒤를 잇는 클래식으로는 많은 전문가가 2012년 호주오픈 결승전에서

나달과 조코비치의 맞대결을 지목한다.
2008년 윔블던 잔디에서 페더러와 나달이 화려하고 아름다운 샷의 향연을 뽐냈다면 4년 뒤 멜버른의 푸른 하드코트에서 조코비치와 나달은 테니스판 철인 3종 경기를 펼쳤다. 마지막 5세트, 조코비치가 친 회심의 포핸드가 코트 구석을 강타했을 때 로드 레이버 아레나에서 숨죽여 구경하던 관중들은 5시간 57분 만에 자리를 털고 일어서 챔피언에게 기립 박수를 쏟아부을 수 있었다. 약 6시간에 걸친 그랜드슬램 결승전 경기는 전에도 후에도 없었다. 그야말로 지독하고 잔혹한 승부였다.
멜버른 시간 저녁 7시가 조금 넘어 시작한 경기는 시상식을 마치고 나니 새벽 2시를 훌쩍 넘겼다. 시상식장에서 준우승 스피치를 한 나달이 "여러분 굿모닝입니다"라고 뼈 있는 농담을 던질 정도로 육체적 한계를 제대로 시험한 전투였다.

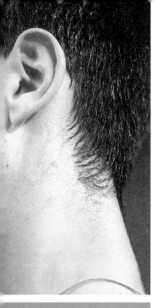

> 나달에게 최악의 패배는 2012년 호주오픈 결승전이었습니다.
> 저는 그 경기를 두 번 다시 보지 않았는데,
> 너무 가슴 아픈 패배였기 때문입니다.

토니 나달 나달의 당시 코치

MAJOR TITLES
7시즌 메이저 대회 우승자

조코비치의 호주오픈 2012년 우승은 그 당시 체력과 정신력의 1인자로 공인받던 나달을 상대로 거뒀기 때문에 더 큰 의미가 있었다. 나달보다 더한 괴물의 탄생이라고 불러도 좋았다. 조코비치는 이 승부를 통해 2010년대 테니스 1인자의 자리를 다시 확고히 할 수 있었고, 나달을 상대로 그랜드슬램 전적 7연승이라는 숫자도 남겼다. 사실 나달과 조코비치는 총 60차례 만났지만, 이 승부야말로 그들의 맞대결 양상을 전형적으로 보여주는 경기이자, 잔혹한 피지컬의 혈투였다.

조코비치가 스포츠 선수로서 완연한 전성기였던 23~28세, 그 가운데서도 최고의 시기는 27세에 찾아왔다. 완벽한 조코비치에게 걸맞은 완벽한 시즌, 2015시즌이다.

시즌 전적 82승 6패. 2015년 조코비치를 이긴 테니스 선수는 단 4명에 불과했다. 조코비치는 페더러에게 3번 패했고 2m 10cm의 거구 이보 카를로비치에게 1패, 스탄 바브링카와 앤디 머리에게 각각 한 번씩 승리를 양보했다. 한 시즌 메이저 대회 3회 우승의 위업을 쌓았지만, 만족할 수만은 없던 시즌이었다. 2% 부족하게도, 메이저 대회 가운데 가장 간절히 소망한 프랑스오픈과는 여전히 인연을 맺지 못했다. 무엇보다 앤디 머리와 준결승전이 우천으로 인해 1박 2일동안 진행되면서 결승전에 필요한 힘과 에너지를 충분히 비축하지 못한 탓이 컸다. 결승전에서 한 손 백핸드를 두려움 없이 마음껏 때린 바브링카의 신들린 테니스를 감당하기엔 역부족이었다.

한 가지 수확도 있었다. 조코비치는 결승전에서 준우승 스피치를 위해 연단에 섰는데, 또다시 준우승에 머문 조코비치의 아픔에 공감한 관중이 무려 2분 30초 동안 기립 박수를 보냈다. 처음에는 관중들의 따뜻한 격려에 미소 짓던 조코비치도 진정으로 그의 우승을 기원하는 1만 5천 테니스 팬들의 마음을 받아들일 수 있었고, 결국 뜨거운 눈물을 참지 못했다.

당시 관중 반응은 다음과 같이 설명될 수 있었다. 사실 조코비치는 27세에 이른 2015년까지 프랑스오픈만 우승하지 못했다. 그 이유는 물론 나달 때문이었다. 나달이 버틴 프랑스오픈에서 조코비치는 2012년부터 3년 연속 결승에 올랐지만, 번번이 흙신이 쌓아 올린 높은 벽에 좌절했다. 그런데 2015년은 달랐다. 조코비치는 부상 후유증으로 8강까지 간신히 올라온 나달과 겨루게 되면서 지난 3년간 패배를 설욕할 수 있었다. 흙신이 사라지자 웬만한 사람들은 이번이야말로 조코비치의 차례라고 확신했다. 하지만 결승전에서 물이 오를 대로 오른 체크무늬 반바지 차림의 바브링카는 2014년 호주오픈에 이어 두 번째 메이저 우승에 강한 열망을 보였고, 조코비치의 마지막 소망은 4년 연속 좌절됐다. 그래서 관중들은 이 천재일우의 기회를 놓친 조코비치의 아픔을 다독였고 그의 가슴을 후벼판 2분 30초 기립박수는 조코비치의 눈물샘을 제대로 자극했던 것이다.

그러나 이 조코비치의 눈물은, 다행스럽게도 절망과 좌절이 아닌 의욕과 동기부여의 눈물이었던 것으로 불과 1년 뒤에 확인됐다.

페더러에 이어 나달, 그리고 조코비치로 이어지는 빅3 시대의
최대 격전지는 언제나 프랑스오픈이 열리는 롤랑가로스였다.
좀처럼 함락을 허용하지 않는 막강한 성주가 굳건히 성을
지키고 있었기 때문이다. 클레이 코트만 들어서면 초인적인
능력을 발휘하는 라파엘 나달이다. 그는 페더러와 조코비치의
숙원인 커리어 그랜드슬램을 늘 눈앞에서 저지하곤 했다.

먼저 페더러를 보자. 2004년 일찌감치 프랑스오픈 외 3대 메이저를 제패했다. 그의 나이 23살에 접어들었을 때였다. 그러나 단 하나 남은 프랑스오픈 우승을 차지하기 위해 5년을 기다려야 했다. 2009년 나달이 16강전에서 로빈 소더링이라는 복병에게 발목을 잡혀 탈락했기 때문에 그나마 가능했던 일이다.

페더러가 프랑스오픈의 갈증을 풀고, 이번에는 조코비치 차례였지만 동병상련이었다. 조코비치 역시 2011년 3개의 메이저를 우승한 상태로, 페더러와 똑같이 5년을 기다려야 했다. 페더러가 2005년부터 2008년까지 4년 연속 나달의 벽에 막힌 것처럼, 조코비치 역시 2012년부터 3년 연속 나달에게 물을 먹었다. 2013년에는 준결승전에서 나달과 마주했는데, 마지막 5세트까지 손에 땀을 쥐게 하는 접전을 펼쳤지만 결국 나달의 견고한 클레이 벽을 넘어서지 못했다.

그나마 나달의 힘이 약해진 2015년, 8강에서 승리를 거두고 커리어 그랜드슬램을 눈앞에 둔 듯했지만, 테니스의

신은 이번에도 조코비치를 저버렸다. 하필 작두 탄 듯한 모습의 기세등등한 스탄 바브링카를 결승전에서 만난 것이었다. 준우승 쟁반을 들고 아쉬움과 회한의 눈물을 삼킨 조코비치에게 4전 5기의 기회가 마침내 찾아왔다. 조코비치는 2015년 생애 최고의 시즌을 보낸 기세를 이듬해 초까지 완벽하게 이어갔다. 호주오픈에서 6번째 타이틀을 거머쥐었고, 3월 '선샤인 더블'로 유명한 인디언웰스와 마이애미 동시 석권을 또 이뤄냈다. 클레이 시즌은 늘 그렇듯 슬로우 스타트를 끊었지만 프랑스오픈으로 가는 중요한 길목인 마드리드 마스터스 시리즈 우승을 차지하며 청신호를 켰다.

그리고 조코비치 인생에서 가장 중요한 2016년 프랑스오픈이 개막했다. 2015년에 이어 여전히 나달은 암흑기에서 벗어나지 못하고 있었다. 프랑스오픈 3회전에서는 설상가상 손목 부상을 이유로 기권했다. 2년 연속 흙신이 결승전에 없는 비정상적인 상황에 직면한 조코비치의 결승 상대는 주니어 시절부터 라이벌이었던

앤디 머리였다. 머리는 2013년 그토록 간절히 원했던
윔블던 챔피언에 등극했지만, 이후의 허리 수술 여파로
아직 메이저 타이틀을 추가하지 못하고 있던 터였다.
그 역시 프랑스오픈 트로피에 욕심을 내지 않을 이유가
없었다.

조코비치에게는 아마도 생애 가장 힘들고 어려운
결승전이었을 것이다. 대기록이 걸려있고, 상대보다
우세하다는 평가가 지배적이면 심리적으로 힘들어진다.
1세트에서 평소 기량의 절반도 제대로 발휘하지 못하며
6-2로 힘없이 물러섰다. 조코비치의 머리 속에는 '이번에
우승을 못 하면 아마 평생 프랑스오픈을 차지하지 못할지도
모른다'라는 생각으로 꽉 찼을 것이다. 이것은 결과적으로
조코비치의 발을 딱딱하게 묶어 놨다.

하지만 전열을 가다듬은 조코비치는 앤디 머리보다
반보 빠른 코트 위 움직임을 바탕으로, 그보다 조금 더
안정적이면서 공격적인 서브 리턴을 살려가며, 조금씩
흐름을 바꿔나갔다. 그리고 결과는 3-1의 역전승이었다.
조코비치가 결국 커리어 그랜드슬램을 해낸 것이다. 그의
나이 28살이었다.

훗날 24차례나 그랜드슬램 챔피언에 오르게 되는
조코비치의 인생에서도 첫 손에 꼽힐 만한 중요한
성취였다. 4전 5기의 오뚝이 신화 같은 느낌의 프랑스오픈

우승을 달성한 뒤, 조코비치는 수년간 생각해 온 우승
셀레브레이션을 코트 위에 표현했다. 흙바닥에 라켓으로
거대한 선을 그리더니, 그 선 가운데에 큰 대 자로 누워
버렸다. 관중석에서 바라본 그 선의 모양을 따라가 보니
'하트'였다. 2001년 프랑스오픈에서 브라질의 전설적인
스타 구스타보 쿠에르텐이 승리를 거둔 뒤 선보였던 전설의
셀레브레이션에 대한 오마주였다.

연대기적으로 봤을 때 조코비치의 우승은 그의 커리어
그랜드슬램 달성보다 더 위대한 의미가 있었다. 남자
테니스에서 47년 묵은 기록이 달성된 순간이었기 때문이다.
4대 메이저 대회를 순차적으로 한꺼번에 우승한 47년 만의
위업, 바로 '노박 슬램'의 완성이다.

골프에 타이거 슬램이 있었고, 여자 테니스에서는 세리나
슬램이 있었다. 특정인의 이름을 앞에 붙이는 이유는
그만큼 도달하기 어려운 대기록 가운데 하나라는 뜻이 숨어
있다.

여자보다 경쟁이 더 치열한 남자 테니스는 4대 메이저
대회를 연속으로 모두 우승하는 게 하늘의 별따기처럼
어려웠다. 로저 페더러도, 라파엘 나달도 하지 못했고
그 이전 세대인 피트 샘프러스와 존 매켄로, 이반
렌들도 다가설 수 없는 기록이었다. 오직 한 명, 1969년
호주오픈과 프랑스, 윔블던, US오픈을 순차적으로 우승한

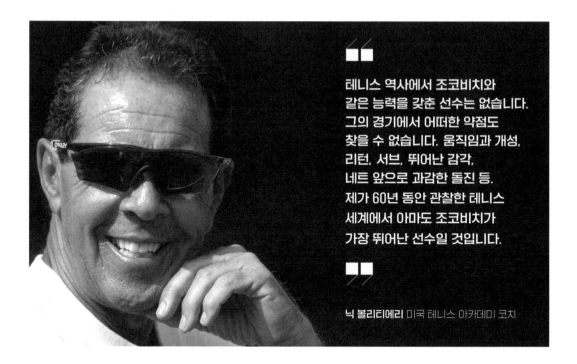

" "

테니스 역사에서 조코비치와
같은 능력을 갖춘 선수는 없습니다.
그의 경기에서 어떠한 약점도
찾을 수 없습니다. 움직임과 개성,
리턴, 서브, 뛰어난 감각,
네트 앞으로 과감한 돌진 등.
제가 60년 동안 관찰한 테니스
세계에서 아마도 조코비치가
가장 뛰어난 선수일 것입니다.

" "

닉 볼리티에리 미국 테니스 아카데미 코치

로드 레이버만이 갖고 있었다. 그 희귀한 기록을 노박 조코비치가 47년이 흐른 뒤 재현해 낸 것이다. 2015년 윔블던과 US오픈, 2016년 호주오픈과 프랑스오픈을 휩쓴 조코비치는 그의 이름을 붙인 슬램 기록을 자랑스럽게 추가할 수 있었다.

시오노 나나미의 재미있고 유익한 역사책 〈로마인 이야기 3편: 승자의 혼미〉의 본문을 인용한다. 로마사 최고의 영웅 율리우스 카이사르의 등장을 이 책에서는 이렇게 표현하고 있다. "'하나의 인물' '위대한 개인'이 될 가능성을 폼페이우스만큼 갖고 있었던 사람은 없다. 아니, 적어도 다 갖추고 있는 것처럼 보인 인물은 폼페이우스밖에 없었다. 그러나 '위대한 폼페이우스'는 역사가 부르크하르트가 말한 '하나의 인물'은 되지 못했다. 로마 역사상 '위대한 개인'이 된 인물은 폼페이우스가 아니라 다른 사람이었다." 바로 그 다른 사람이 폼페이우스의 전성기가 지난 뒤 실력자로 등장하게 된 카이사르였다. 카이사르 전까지만 해도 폼페이우스야말로 로마가 낳은 최고의 장수요 정치가로 인식되었을 것이다. 하지만 폼페이우스는 카이사르와의 라이벌전에서 패퇴한 뒤 정상의 자리를 내주게 된다. 진짜 지존, 황제는 폼페이우스가 아닌 카이사르였던 것이다. 어쩌면 노박

조코비치가 테니스계의 카이저(황제), 카이사르가 아닐까. 테니스 황제로 꼽혀온 '위대한' 로저 페더러는 남자 테니스 역사에서 결국 폼페이우스로 기억되는 것이 아닐까. 노박 슬램을 달성한 2016년까지의 흐름은 흥미롭게도 고대 로마사 두 영웅의 쟁투와 유사한 면이 적지 않았다. 카이사르의 행보를 닮은 조코비치의 남은 목표는 더 뚜렷해졌다. 로저 페더러가 보유하고 있는 역대 최다 그랜드슬램 우승 기록(당시 17회)에 도전하는 것이다. 노박 슬램 달성으로 조코비치는 페더러와 격차를 5개로 좁혔다. 게다가 나달과 페더러는 모두 부상으로 신음 중이었다. 이때부터 조코비치는 '역대 최고의 선수(Greatest of all times, GOAT) 가운데 하나로 대접받기 시작했다. 페더러의 기록 경신도, 시간 문제처럼 느껴졌다.

하지만 테니스의 신은 조코비치의 가파른 정상 등정을 조금은 다른 시선으로 바라보고 있었다. 조코비치는 프로 데뷔 이후 이렇다 할 시련이 없었다고 해도 과언이 아니었다. 그렇지만 제아무리 위대한 선수도 인생에 한 번 정도는 찾아오는 슬럼프를 피해 갈 수는 없는 법. 조코비치에게도 그 시련의 시간이 다가오고 있었고, 그것은 그가 해발고도가 가장 높은 곳에 있을 때 갑작스러운 불청객처럼 찾아왔다.

12
BEFORE 30

호주오픈 *2008*
호주오픈 *2011*
윔블던 *2011*
US오픈 *2011*
호주오픈 *2012*
호주오픈 *2013*
윔블던 *2014*
호주오픈 *2015*
윔블던 *2015*
US오픈 *2015*
호주오픈 *2016*
프랑스오픈 *2016*

12
AFTER 30

2018 윔블던
2018 US오픈
2019 호주오픈
2019 윔블던
2020 호주오픈
2021 호주오픈
2021 프랑스오픈
2021 윔블던
2022 윔블던
2023 호주오픈
2023 프랑스오픈
2023 US오픈

GRANDSLAM

조코비치 그랜드슬램 우승
30세 이전 30세 이후

1969 로드 레이버 **1**

로드 레이버는 테니스계의 펠레와 같은 존재다. 그가 전성기 시절 뛰었던 자료 화면은 대부분 흑백 영상이다. 펠레처럼 테니스계에 미친 영향과 레거시는 독보적이다. 그는 프로와 아마추어가 함께 경합한 오픈 시대 이후 남자 테니스 유일의 '캘린더 그랜드슬램(4대 메이저 대회를 한해 모두 우승)'을 달성했는데 그게 바로 1969시즌이었다. 106승 16패로, 진 경기가 다소 많은 편이었지만 17개의 대회에서 우승 트로피를 가져갔고, 무엇보다 4대 메이저 대회를 한해에 모두 휩쓰는 그랜드슬램을 달성한 시즌을 우리가 앞으로 또 볼 수 있을까?

1970 마가릿 코트 **2**

마가릿 코트는 2024년 현재 노박 조코비치와 함께 그랜드슬램 최다 우승 타이 기록 보유자다. 24차례의 메이저 우승 가운데 1970년 한꺼번에 4개를 채우며 캘린더 그랜드슬램했다. 이때 코트는 US오픈 결승전에 오르기까지 매 경기 4게임 이상 주지 않은 압도적 강력함을 발휘하고 있었다. 이해 윔블던에서 라이벌 빌리 진 킹과 14-12, 11-9라는 형이상학적 스코어를 만들어내며 승리한 추억은 덤이다. 21개의 토너먼트 대회를 우승했고 단 6패를 허용한 코트의 1970년은 역사 그 자체였다.

1974 지미 코너스 **3**

만약 지미 코너스가 상업적 단체인 '월드팀테니스'와 계약을 맺지 않아 프랑스오픈 출전이 허락됐다면, 테니스 역사는 상당히 바뀌었을 것이 자명하다. 이 시기 드물게 두손으로 백핸드를 친 코너스는 프랑스오픈을 제외한 다른 3개의 메이저 대회에서 경쟁자들을 속된 말로 '압살'하면서 우승했다. 93승 4패라는 경이적인 전적 외에도, 코너스는 이해 홈그라운드인 US오픈에서 60년대 전설 켄 로즈웰을 6-1, 6-0, 6-1로 이겨 망신을 단단히 줬다.

1983 나브라틸로바 **4**

코너스와 마찬가지로 '철녀' 나브라틸로바에게도 한 가지 가정을 해보자. 만약 그가 프랑스오픈 16강전에서 케이시 호르바스라는 무명의 선수에게 패하지 않았다면? 전무후무할 '시즌 무패'의 퍼펙트 기록을 남길 수 있었다. 그 1패로 인해 나브라틸로바는 86승 1패로 시즌을 마무리했다. 다른 3개 메이저대회를 휩쓴 건 물론이다.

1984 존 매켄로 **5**

아직도 깨지지 않는 남자 테니스 한 시즌 최고 승률 기록이 바로 존 매켄로가 기록한 96%, 82승 3패의 전적이다. 가장 뼈아픈 패배는 역시 프랑스오픈에 길이 남을 명승부, 이반 렌들과의 결승전이었다. 서브&발리의 전도사 매켄로가 먼저 두 세트를 선취해 마침내 미완의 영역이었던 클레이 코트 메이저까지 정복하는가 싶었지만, 렌들의 뒷심에 이성을 잃고 감정적으로 대처하다 대업을 그르쳤다. 아이러니한 건, 최고 기록을 세운 1984년 이후 매켄로는 단 1개의 메이저 트로피도 추가하지 못하며 내리막길을 걸었다는 점이다.

TOPIC 테니스 역대 최고의 시즌
BEST

슈테피 그라프 1988

6 슈테피 그라프의 1988년이 명예의 전당에 헌액될 만한 기념비적인 시즌이 된 까닭은 대한민국 서울에서 열린 88서울올림픽 덕택이다. 150년 테니스 역사에 그 누구도 해내지 못한 '골든 그랜드슬램'을 달성했다. 4대 메이저 대회를 전부 휩쓸고, 테니스가 정식 종목 자리를 되찾은 첫 올림픽인 9월 서울 대회에서, 그라프는 가브리엘 사바티니를 제압하고 금메달을 목에 걸었다. 시즌 전적 73승 3패.

로저 페더러 2005

7 페더러는 한해 3개의 메이저 대회 우승을 3차례 해냈지만, 2005년이 승률상으로는 최고로 기록되어 있다. 81승 4패로 95.2%의 승률을 보였는데, 페더러가 만약 그해 가장 마지막 경기였던 ATP파이널스 결승전에서 다비드 날반디안에게 역전패하지 않았다면 매켄로의 역대 최고 승률을 넘어설 수도 있었다. 호주오픈에서 마라트 사핀과 명승부 끝에 4강에서 탈락했고, 프랑스오픈에서는 19세에 혜성처럼 등장한 라파엘 나달에게 막히며 페더러의 2005년은 메이저 대회 2회 우승에 그쳤지만, 그의 최고 시즌 가운데 하나로 꼽힐 만큼 강력한 포스를 뽐냈다.

로저 페더러 2006

8 페더러의 지배력은 2006년 정점에 달했다. 호주오픈과 윔블던, US오픈을 휩쓸었고 92승 5패의 믿기 힘든 전적을 남겼다. 정말 많은 경기를 뛰었고, 패배는 극히 적었다. 5패를 누구한테 당했냐가 중요한데, 5번 가운데 4번의 패배가 한 명으로 인한 결과였다. 당시 페더러의 천적으로 불렸던 라파엘 나달이었다. 나머지 1패는 당시 떠오르는 19세 신예 앤디 머리에게 당했는데, 어쩌면 이것이 미래 빅4 시대의 예고편이었을지도 모른다. 클레이 코트의 나달을 넘지 못한 게 약점이지만, 이때 페더러의 테니스는 역사상 가장 압도적이었다.

노박 조코비치 2011

9 시즌 후반부에 용두사미가 된 측면은 있지만 조코비치의 2011년은 오래 기억될 특별한 시즌이다. 무엇보다 당시 최고의 라이벌 구도를 형성하고 있던 페더러-나달의 이원 체제를 무너뜨리고 한해 그랜드슬램 3회 우승의 위업을 달성했다. 조코비치가 시즌 초반 페더러, 나달을 차례차례 중요한 대회마다 물리치고 얻은 41연승 기록은 테니스 사에서 가장 빛나는 영웅적 활약으로 꼽을 만하다.

노박 조코비치 2015

10 조코비치의 2015시즌은 페더러의 2006년과 유사점이 많다. 압도적 1강 체제를 구축한 상황에서 단 하나의 메이저 대회인 프랑스오픈만 실패했으며, 시즌 6패 가운데 3패가 1명(페더러)에게 집중된 점이다. 페더러와 마찬가지로 이때 조코비치는 난공불락에 가까운 존재였고, 조코비치는 이후 두 차례(2021, 2023) 한해 메이저 3회 우승을 더 달성했지만 조코비치 전체 커리어에서 최고로 인정받는 시즌은 역시 여전한 젊음의 에너지에 원숙미까지 가미된 2015년이었다.

조코비치의 생애 최고

COLUMN 조코비치가 한해 3개 이상의 메이저 대회를 우승한 건 4차례나 된다. 이 기록도 독보적 1위다. 그렇다면 조코비치 생애 최고의 시즌은 언제라고 볼 수 있을까?

먼저 2011시즌은 테니스 역사상 최고의 시즌으로 꼽히는 대단한 한해였다. 조코비치는 1월 호주오픈부터 5월 프랑스오픈 4강 페더러전까지 투어 최장 41연승을 기록했다. 이 기록이 대단한 이유는 이 연승 기록이 '클레이 제왕' 나달이 가장 강한 4~5월 유러피언 클레이 시즌을 포함했기 때문이다. 호주오픈과 윔블던, US오픈에서 우승했고 이 과정에서 페더러와 나달, 앤디 머리 등 경쟁자들을 모조리 제압했다. 호주오픈은 페더러(4강)-앤디 머리(결승) 순으로, 윔블던은 송가-나달, US오픈은 페더러-나달을 각각 4강과 결승에서 꺾었다.

전적은 70승 6패, 우승 타이틀은 무려 10회였다. 빅4와 상대 전적도 중요하다. 페더러와 4승 1패, 나달과 6승 0패, 머리와는 2승 1패였다. 그래서 2011년을 페더러와 나달로 양분된 남자 테니스의 판도를 바꾼 역사적 분기점으로 부르기도 한다.

조코비치의 최전성기인 2015시즌은 테니스 역사에 빛나는 '노박 슬램'의 기틀을 닦은 해였다. 호주오픈, 윔블던, US오픈 3차례 그랜드슬램 우승을 달성했다. 프랑스오픈에서는 바브링카에게 뼈아픈 패배를 당했지만, 82승 6패로 자신의 역대 최고 승률을 달성했고 시즌 타이틀도 최다(11개)였다.

이때 조코비치는 '제2의 전성기'를 누리던

페더러를 그랜드슬램 결승에서 연이어 물리쳤고, 조코비치를 이 시즌 동안 꺾은 선수는 단 4명(페더러, 카를로비치, 앤디 머리, 바브링카)이었다. 가장 완벽한 시즌으로 불려 손색이 없고, 로저 페더러의 최전성기인 2006시즌, 존 매켄로의 1984와 곧잘 비교되는 '퍼펙트 시즌' 가운데 하나다. 다만 이 시기 조코비치의 성취는 약간 평가절하될 수 있는 요소가 있긴 하다. 클레이 황제 나달이 커리어 최고 슬럼프에 빠져 있을 때였기 때문이다.

조코비치의 2021시즌을 보자. ATP 전적만 따져보면 51승 7패, 총 5개의 타이틀을 획득했다. 숫자만 놓고 보면 '무적의 조코비치 시대'라는 타이틀에는 살짝 모자란다. 그러나 5번의 우승컵에는 호주오픈과 롤랑가로스, 윔블던 트로피가 포함되어 있다. 코로나19와 나이를 감안해 대회 참가 횟수가 줄어든 것을 감안하면 이 또한 괄목할 성취다. 게다가 조코비치는 10월 파리 마스터스 결승에서 메드베데프를 물리쳐 마스터스 통산 37회 우승을 달성했다. 나달을 제친 최고 기록 수립이었다. 무엇보다 조코비치의 2021시즌이 위대한 이유는 남자 테니스에서 1969년 로드 레이버 이후 처음 '캘린더 그랜드슬램'의 가능성이 가장 높았기 때문이다. 호주오픈과 프랑스오픈, 윔블던을 차례로 우승한 뒤 US오픈 결승까지 올라 기대감은 더욱 커졌으나, 그 막대한 부담감을 지워내지 못하고 결국 준우승에 그쳤다. 하지만 2021 시즌 조코비치는 단순한 승패와 우승 타이틀 횟수를 뛰어넘는 '엄청난

시즌은?

대기록'들을 만들어냈다. 메이저 통산 20회 우승으로 페더러, 나달과 어깨를 나란히 했다. 이를 바탕으로 세계 랭킹 1위를 단 한 차례도 빼앗기지 않고 오롯이 52주의 재임 기간을 추가해 통산 400주 이상 1위 기록을 경신해 나갔다. 여기에 보너스로, 마침내 피트 샘프러스가 보유하고 있던 연말 랭킹 1위 기록을 넘어 7번째로 달성했다.

2023 시즌은 조코비치의 마지막 전성기로 불린다. 시즌 전적 56승 7패에 7개의 타이틀을 거머쥐었다. 무엇보다 이때 조코비치는 메이저 23, 24번째 우승을 완성하며 남자 테니스 역사상 가장 많은 그랜드슬램 트로피를 가져가는 데 성공했다. 연말 ATP 파이널스에서도 야닉 시너와 카를로스 알카라스 등 쟁쟁한 15살 아래 후배들을 제압하고 시대를 초월하는 1인자에 올랐다. 그의 나이 36세에 세운 기록이다.

그렇다면 2011년과 2015, 2021, 2023시즌 가운데 베스트는 언제일까? 정답이 없는 이 질문에 용감하게 답변하자면 그래도 필자의 선택은 2011년이다. 가중치가 집중 부여된 지점은 역시 클레이 시즌의 나달에게 안긴 충격적인 패배들이며, 아직 멘털적으로 페더러, 나달의 기세에 눌려 있을 수밖에 없는 상황에서 완연한 '언더독' 조코비치가 이들을 극복해 낸 초인적인 능력에 찬사를 보내지 않을 수 없다. 최근 무섭게 성장한 알카라스와 야닉 시너가 아무리 2021 시즌 조코비치를 괴롭혔다 한들, 페더러와 나달이 서슬 퍼런 시절만 할까? 조코비치의 2011시즌은 그만큼 경이적이었다.

FALL

추락

원숭이도 나무에서 떨어질 때가 있다. 조코비치도 사람이었다.
완벽하기 그지없던 그의 선수 경력에서도 단 한 번의 침체기가 있었다.
페더러와 나달이라는 강력한 경쟁자가 사라진 상황에서
조코비치는 동기 부여를 잃고 말았다.

> 프랑스오픈 우승을 위해 열심히 달려온 탓인지,
> 우승 후에 무척 행복하면서도 동시에 매우 힘들고 지쳤다.
> 승패를 떠나 순수하게 경기를 즐기는 즐거움을 찾으려고 노력했다.
>
> _ 노박 조코비치

그 여름의 미스터리

노박 조코비치가 47년 만의 메이저 대회 4연속 우승을 달성한 이면에는 경쟁자들의 일시 퇴장이
자리하고 있었던 것도 사실이다. 조코비치에게 가장 큰 위협을 가했던 원조 테니스 황제 로저 페더러는
1월 호주오픈 직후 자녀들과 목욕을 하다 무릎을 다쳐 수술을 받고 프랑스오픈 출전을 접었다. 흙신
나달은 커리어 최악의 슬럼프에서 여전히 허우적대고 있었다. 조코비치에게 실질적 위협은 그와
비슷한 스타일의 테니스를 구사하지만, 늘 반보가량 처지는 앤디 머리 하나라고 봐도 무방했다. 아주
가끔, 미친 듯 폭발적인 공격을 때리는 스탄 바브링카는 껄끄러운 존재였으나 꾸준함이 부족했다.
2016년 7월 윔블던을 맞았을 때, 조코비치는 압도적 1강으로 꼽히기 부족함이 없었다.

윔블던 3회전 탈락은 그래서 지금도 불가사의한 추락으로 여겨진다. 미국의 강서버 샘 쿼리에게 일격을 당했다. 가장 무리 없는 해석은 다음과 같다. 수많은 토너먼트 대회를 우승한 조코비치였지만 프랑스오픈과 윔블던 동시 석권은 경험한 바 없는 생소한 일이었다는 것. 그도 인간이기에, 프랑스오픈 우승이란 숙원을 달성한 직후 승부욕과 긴장감을 유지하는 건 쉽지 않았다는 해석이다. 지나친 강행군으로 인한 일시적 부진이라는 설명도 가능했다.

하지만 윔블던 직후 열린 4년에 한 번 참가하는 올림픽 단식에서 1회전 탈락은 심각하게 받아들여야 할 문제였다. 조코비치는 브라질 리우에서 열린 테니스 단식 1회전에서, 남미의 맹주인 후안 마르틴 델 포트로(아르헨티나)를 만났는데 두 세트 모두 치열한 타이 브레이크 접전 끝에 조코비치가 패했다. 델 포트로는 2009년 US오픈에서 로저 페더러를 돌려세우고 첫 메이저 우승을 차지할 정도로 막강한 화력을 갖고 있는 선수임은 틀림없었으나, 조코비치가 그렇게 허망하게 1회전 탈락하리라고는 누구도 예상하지 않았다. 뭔가 뚜렷한 부상이 발견된 것도 아니었다. 한번 꺾여버린 흐름을 정상화하기에는 천하의 조코비치도 쉽지 않았다. 그해 마지막 메이저 대회인 US오픈에서 분발해 결승까지 진출했지만, 뭔가 상반기의 압도적인 모습을 약간 상실한 듯 보였고, 결국 바브링카의 백핸드 강타를 막지 못해 준우승에 그쳐야 했다.

노박 슬램까지 달성한 조코비치였지만 하반기 성적은 실망스러웠다. 상하이 마스터스 4강 문턱을 넘지 못했고, 이어진 파리 마스터스에서는 8강 탈락. 그리고 무섭게 랭킹 포인트를 쌓으며 달려온 라이벌 앤디 머리와 최후의 승부를 벌인 ATP 파이널스에서 힘없이 2—0으로 완패했다. 연말 세계 랭킹 1위 자리를

머리에게 내주며 '올해의 선수' 영예까지 빼앗겼다. 47년 만의 대기록을 달성한 해에
조코비치가 그렇게 무너지리라고는 누구도 예상하지 못했다. 이 하반기 미스터리한 부진에
대해 조코비치는 말을 아꼈지만, 그의 심리 상태를 짐작해 볼 만한 중요한 단서는 있었다.

**나달과 페더러가 없는 투어는 생각할 수 없는 일이었습니다.
그들이 사라지자 내 안의 동기 부여도 함께 사라진 것 같습니다.**

이것이 2016년 하반기 알 수 없는 침체에 빠진 조코비치에 대한 가장 그럴 듯한 설명이다.
프랑스오픈 우승에 대한 높은 성취감은 곧 동기부여의 저하로 이어질 수 있었고, 그를 늘
긴장하게 만들었던 2명의 위대한 경쟁자들이 투어에서 자취를 감춰버렸으니 이해할 수도
있는 부진이었다. 사실 조코비치의 기준점이 워낙 높아서 그랬지, 부진과 침체라고 지적한
이 시기조차 US오픈과 ATP 파이널스 양대 이벤트 준우승을 차지했다. 오로지 역대 최고의
선수를 넘보는 조코비치의 높은 기준점이 만든 착시 효과였을 수도 있다.
그러나 조코비치에게도 올 것이 오고야 말았다. 테니스의 신은 조코비치의 일방적 독주를
허용하지 않았다. 그는 동갑내기 친구 앤디 머리에게 내준 세계 일인자 자리를 되찾겠다는
새해 목표를 세웠지만, 커리어 최악의 암흑기가 다가오고 있었다.

02 암흑의 2년

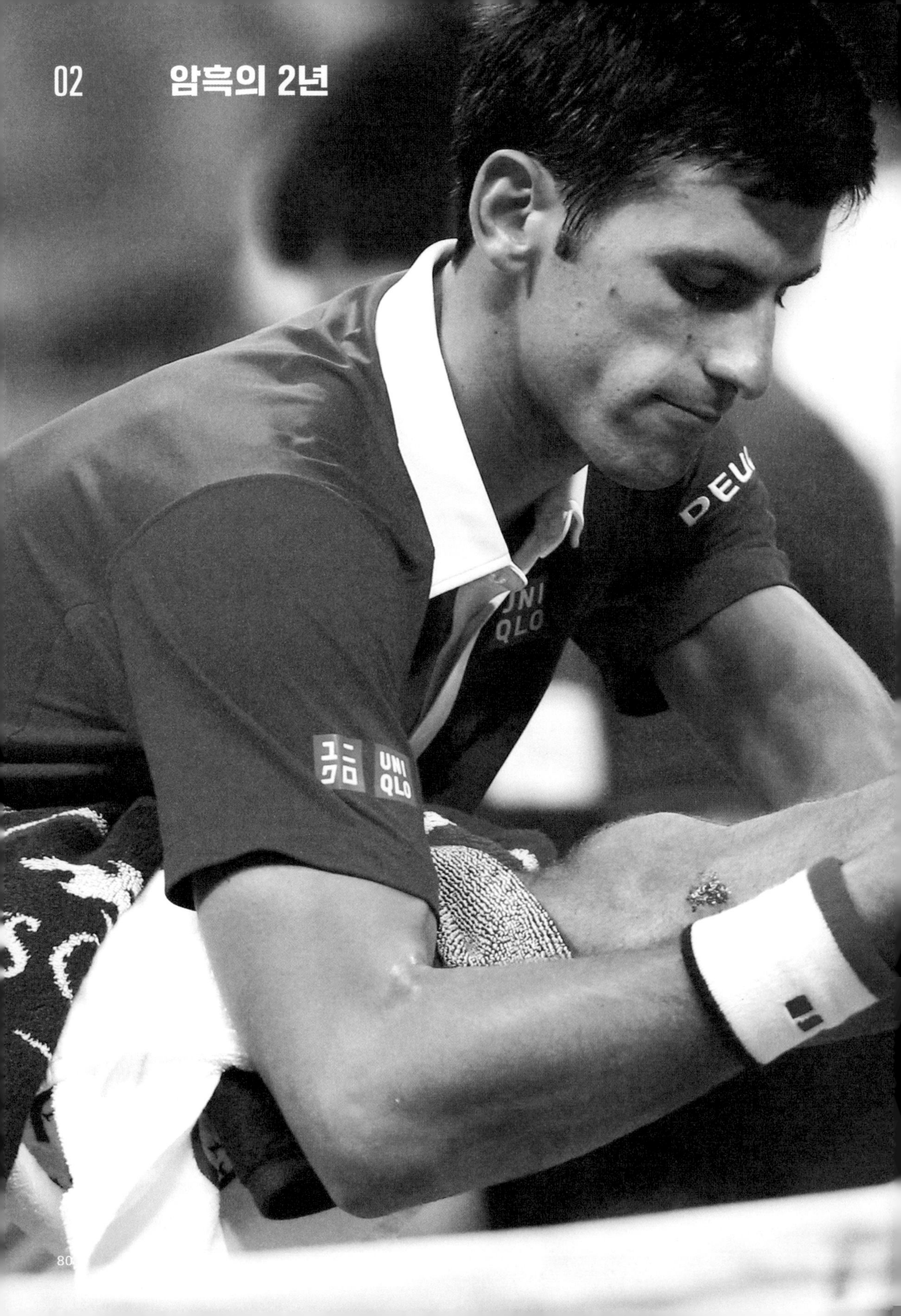

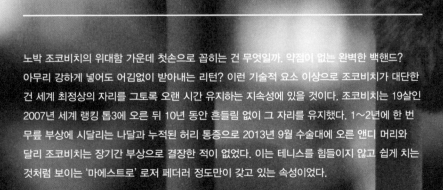

윔블던 8강까지 왔지만,

서브를 넣을 수가 없었습니다.

팔을 제대로 올릴 수 없었죠.

끝났다고 생각했습니다.

보다 과감한 결정을

내려야 하는 시기였습니다.

노박 조코비치의 위대함 가운데 첫손으로 꼽히는 건 무엇일까. 약점이 없는 완벽한 백핸드?
아무리 강하게 넣어도 어김없이 받아내는 리턴? 이런 기술적 요소 이상으로 조코비치가 대단한
건 세계 최정상의 자리를 그토록 오랜 시간 유지하는 지속성에 있을 것이다. 조코비치는 19살인
2007년 세계 랭킹 톱3에 오른 뒤 10년 동안 흔들림 없이 그 자리를 유지했다. 1~2년에 한 번
무릎 부상에 시달리는 나달과 누적된 허리 통증으로 2013년 9월 수술대에 오른 앤디 머리와
달리 조코비치는 장기간 부상으로 결장한 적이 없었다. 이는 테니스를 힘들이지 않고 쉽게 치는
것처럼 보이는 '마에스트로' 로저 페더러 정도만이 갖고 있는 속성이었다.

조코비치는 2017년 포문을 연 도하 오픈에서 세계 1위
앤디 머리와 '올해의 경기' 수준의 치열한 접전을 승리로
장식하고 약 6개월여 만에 타이틀을 획득했다. 호주오픈
통산 7번째 우승이자 메이저 13회 우승도 가시권이었다.
하지만 2회전에서 조코비치는 멜버른의 무더운 날씨
속 땀을 비 오듯 흘리며 우즈베키스탄의 117위 데니스
이스토민에게 5세트 패배를 당했다. 지난해 윔블던 3회전
탈락에 이어 또 한 번의 조기 탈락이었다.
이쯤 되면 적신호가 제대로 켜진 셈이었다. 알고 보니
숨겨진 원인은 역시 부상이었고, 조코비치는 7월 윔블던
8강에서 토마스 베르디흐에게 기권패했다. 팔꿈치 부상
탓이었다. 그런데 여기서 조코비치의 미스터리한, 논란의
선택이 또 한 번 벌어진다. 부상에 대한 수술적 치료를
거부하고 자연스러운 회복을 기다린 것이다. 7월에 시즌을
조기 종료한 조코비치는 팔꿈치 통증이 자연스럽게
잦아들기를 기다린 채 이듬해 호주오픈을 맞았다.
결국 조코비치는 대한민국 테니스에 정현의 메이저
4강 쾌거라는 역사를 선물한 희생양이 된 채 16강에서
탈락했다. 정현과의 16강전에서 조코비치는 팔꿈치가

지난 6개월 동안 제대로 경기한 적이

없는 점은 간과할 수 없습니다.

며칠 전 가엘 몽피스와 꽤 긴 시간

접전을 치르기도 했고요.

지금껏 근육 경련 등 육체적인 면에서

문제가 발생한 적이 그리 많지 않았는데

오늘은 그랬습니다.

여전히 불편했다. 결국 조코비치 역시 수술대에 오를 수밖에 없었고, 아주 잠깐 캠프에서 함께 한 '슈퍼코치' 앤드리 애거시와도 결별한 뒤 다시 예전의 바이다 코치와 재결합한 채 경기력 회복을 준비했다.

조코비치의 인생에서 보기 드문 잠깐의 암흑기는 결과적으로 약이었다고 생각된다. 조코비치의 선수 경력은 축구 경기의 90분을 연상케 할 정도로 전반기와 후반기의 뚜렷한 구분이 가능하다. 킥오프 휘슬이 울리고 45분간 조코비치는 페더러, 나달에게 견줄 만한 훌륭한 테니스 기술과 그들에 근접할 만한 의미 있는 기록들을 남기고 하프타임을 맞았다. 다만 펠레와 마라도나 같은 두 명의 슈퍼히어로를 따라잡기 위해 전반전 내내 오버페이스한 측면도 있었다. 전반전이 끝나고 15분간의 휴식은 결과적으로 또 다른 후반 45분 역전승과 극장골을 위한 초석이 될 수 있었다. 약 2년간의 부진과 침체, 심리적 방황을 겪은 조코비치는 더 강하고 더 완벽한 선수로 돌아와 펠레, 마라도나가 쌓은 레거시를 추월해버렸다.

TOPIC 5
RIVALRIES
NOVAK DJOKOVIC

US *Nadal* 31승 29패

남자 테니스에서 조코비치와 나달처럼 자주, 격렬한 맞대결을 벌인 라이벌은 없었다. 나달이 2024년을 끝으로 은퇴하면서 정확히 60회를 채웠다. 서로가 서로에게 가장 많은 승리와, 패배를 동시에 안겨준 금세기 최고의 라이벌이다. 이 맞수 대결의 백미는 나달의 텃밭인 클레이코트에서 가장 치열했는데, 넘사벽인 나달의 클레이 지배력에 거의 유일하게 의미 있는 균열을 낸 존재가 조코비치였다. 클레이 맞대결 전적은 나달이 20승 9패로 앞서지만, 조코비치가 강세를 보인 하드코트에서는 반대로 20승 7패다. 잔디에서 그들은 2승 2패 동률로 끝났다.

US *Federer* 27승 23패

서로의 강세 코트가 뚜렷했던 나달-조코비치 라이벌전과 달리, 이들은 좋아하는 코트가 비슷했다. 하드와 잔디에서 양대 산맥으로 불릴 정도였고, 다만 이들은 6살의 나이 차로 인해 서로의 최전성기 시절 엇갈린 성적을 냈다. 초반에는 페더러의 압도적인 우세로 진행되다, 2010년 이후 조코비치가 훨씬 많은, 중요한 승리를 가져갔다. 특히 페더러는 5세트 방식으로 열리는 그랜드슬램 대회에서 2012년 윔블던 준결승전 이후 은퇴할 때까지 조코비치를 넘지 못했다. 페더러가 약세를 보인 클레이 코트를 제외하고, 이들은 빅타이틀이 걸린 대부분의 대회 결승에서 충돌했고 조코비치가 근소한 차이로 앞섰다.

US *Murray* 25승 11패

주니어 시절부터 소문난 동갑내기 라이벌이다. 조코비치가 두 배 넘는 승리를 거뒀지만, 앤디 머리에게 조코비치는 윔블던 첫 우승이란 최고의 선물을 안겨준 존재이기도 했다. 머리는 그의 화려하고 긴 경력에 비해 단 3차례 메이저 우승에 그쳤는데, 이는 조코비치 때문이었다. 조코비치는 앤디 머리와 호주오픈 결승에서 4차례 격돌해 모두 승리를 가져갔다. 둘 다 베이스라인에 머물며 투핸드 백핸드와 리턴이라는 강점을 보여주었지만, 모든 기술 요소에서 근소한 우위를 가져간 조코비치가 대부분의 중요한 승리를 얻었다.

US *Wawrinka* 21승 6패

조코비치가 3배 넘는, 78%의 압도적인 승률을 보였지만 이 라이벌 구도의 실질적 승자는 바브링카에 가깝다. 조코비치의 최전성기 시절 바브링카는 천적으로 군림하며 그의 발목을 꽤 많이 잡았다. 2014년 호주오픈 8강, 2015년 프랑스오픈 결승, 2016년 US오픈 결승에서 바브링카는 예상 밖 승리를 거두며 조코비치의 그랜드슬램 우승 트로피 수집을 저지했다. 이 세 번의 대회에서 바브링카가 모두 우승했다. 조코비치의 완벽에 가까운 디펜스와 탄탄한 투핸드 백핸드를 거의 유일하게 파훼할 수 있을 정도로 '닥공'이 가능한 바브링카의 테니스 스타일이 격돌했을 때, 테니스 팬들은 창과 방패의 클래식을 만끽할 수 있었다.

US *Alcaraz* 4승 3패

2024년까지 단 7번 만났지만, 라이벌로 꼽는 이유는 조코비치의 선수 말년에 가장 괴로움을 선사한 장본인이 알카라스였기 때문이다. 둘의 나이차는 16살로 삼촌과 조카뻘이지만, 이 둘은 현대 테니스가 보여줄 수 있는 궁극의 기술과 체력, 정신력을 사각의 코트 위에서 선보였다. 조코비치의 힘과 스피드가 다소 줄어든 삼십 대 중반부터 만난 라이벌이지만, 조코비치는 나달과 페더러를 상대한 과거의 경험을 바탕으로 노련하게 알카라스와 승패를 주고받았다. 이 라이벌 구도의 백미는 알카라스가 윔블던 결승에서 장군을 외치고, 한 달 뒤 올림픽 결승에서 조코비치가 멍군을 외친, 2024년 유럽의 뜨거운 여름이었다.

테니스는
왜

남녀 동일 상금 원칙을 고수할까?

테니스는 글로벌 인기 스포츠이고 골프와 맞먹는 위상을 갖고 있다. 그런데 어떤 면에서는 골프보다 더 대접받는 부분도 있으니, 그것은 바로 여자 테니스의 높은 인기와 위상이다. 이 대목에서 테니스가 다른 글로벌 프로스포츠와 차별화되는 강점이 드러난다.

생각해 보자. 우리가 떠올리는 갖가지 스포츠 종목 가운데 여자 선수가 테니스만큼 대접받는 경우가 있는지를. 축구와 야구, 농구, 프로풋볼 등 메이저 스포츠에서 남자와 여자의 위상은 비교 자체가 어렵다. 여성미가 강조되는 체조와 피겨 스케이팅 정도를 예외로 볼 수 있을 텐데, 이런 면에서 남녀 양성평등을 일찌감치 이뤄낸 테니스는 여자 운동선수가 가장 좋은 대우를 받을 수 있는 대표적인 종목으로 분류된다.

세계적인 경제 전문지 포브스가 선정하는 여성 스포츠 스타 수입을 살펴보면 아주 놀라운 결과가 발견된다. 매년 1위부터 10위까지 거의 80% 이상을 테니스 현역 스타들이 휩쓸고 있다는 것이다. 테니스와 비슷하게 남녀 메이저 대회가 각각 존재하는 골프의 경우도 여자 테니스의 인기와 상품성에는 훨씬 미치지 못한다. 여자골프 메이저 대회인 US여자오픈은 2024년부터 우승 상금을 비약적으로 높여 240만 달러로 책정했다. 하지만 여전히 우승하면 360만 달러를 수령할 수 있는 US오픈 여자 테니스 상금의 70% 수준이다. 흑인 여성으로 테니스계에 새로운 이정표를 세운 세리나 윌리엄스와 비너스 윌리엄스 자매, 그리고 러시아의 테니스 요정으로

불린 마리아 샤라포바, 최근에는 2021년 보기 드문 신데렐라 스토리를 쓰며 US오픈에서 깜짝 우승한 중국계 영국인 에마 라두카누까지. 적어도 이 세상 모든 여성 스포츠 스타 가운데 압도적인 인기와 관심을 받고 있는 분야는 자신 있게 테니스라고 단언할 수 있다.

사실 여자 테니스가 남녀평등의 원칙을 누리고 있는 건 과거 여성 테니스 전설들의 희생과 노력 덕택이다. 1970년대 미국의 여성 테니스 스타 빌리 진 킹, 그는 1973년 세계를 떠들썩하게 만든 남녀 성대결의 주인공이다. 그의 집요한 남녀 평등 실현을 위한 노력이 결실을 맺어 그해 US오픈은 남녀 단식 우승자에게 똑같은 상금을 지급하는 파격적인 결정을 내렸다. 한해 전 1972년 남자 단식 우승자인 일리 나스타세가 25,000달러를 받았고, 여자 우승자 빌리 진 킹은 1만 달러에 그쳤다. US오픈에 이어 프랑스오픈도 2005년 동일 상금 정책을 도입했고, 전통의 수호자 윔블던 역시 2007년부터 이 정책을 수용했다.

다만 최근 이러한 남녀평등 원칙은 테니스계에 논란을 야기하고 있는 것도 사실이다. 남자 테니스가 워낙 약진을 거듭하다 보니 남녀 동일 상금 원칙이 오히려 역차별 아니냐는 반론이다. 무엇보다 메이저 대회의 경우 남자는 더 오래 뛰어야 하는 5세트 방식을 적용하고 있는데, 동일 노동 동일 임금 원칙에 어긋나지 않느냐는 논점이다. 하지만 국제테니스연맹(ITF) 등 세계 테니스를 이끄는 기구들은 테니스만의 가치와 위상을 차별화하기 위해서라도 젠더 평등의 원칙을 지키는 쪽으로 정책을 이어가고 있다.

원핸드
백핸드는

2024년 2월 19일 자 남자 테니스 세계랭킹에 아주 충격적인, 의미심장한 일이 벌어졌다. 1973년 세계 랭킹 도입 이후 최초로 1위부터 10위의 자리가 단 한 명의 원핸드 백핸드 없이, 오직 투핸드 백핸드만으로 채워진 것이다. 이제 톱프로 선수들 가운데 백핸드를 한 손으로 치는 선수를 거의 찾아보기 어려운 지경이 됐다. 테니스 세계 랭킹 제도는 1973년 8월 IBM이 컴퓨터 랭킹 시스템을 도입하면서 시작됐다. 주 단위로 따져보면 2024년이 마무리된 이 시점 약 2,700주가 누적된 셈인데, 원핸드 백핸드가 이 기간 세계 랭킹 1위를 점유하고 있던 비율은 1,218주, 약 45%였다. 그리고 세계 1위에 올랐던 역대 28명의 넘버원이 있다. 이 가운데 11명이 원핸드 백핸드였다. 그들의 이름을 열거해 보면 다음과 같다.

일리 나스타세
존 뉴콤
존 매켄로
이반 렌들
스테판 에드버리
보리스 베커
피트 샘프러스
토마스 무스터
패트릭 라프터
구스타보 쿠에르텐
로저 페더러

2021년까지만 하더라도 톱10 가운데 4명이 원핸드였다. 2021년 US오픈 기준으로 치치파스, 도미니크 팀, 로저 페더러, 샤포발로프가 톱10안에 있었다. 그런데 2024년 연말 랭킹 기준 톱10안에 원핸드 백핸드는 그리고르 디미트로프(10위) 한 명뿐이다. 사실 10년 전부터 원핸드 소멸 현상은 계속 심화되어 왔다. 대부분의 젊은 선수들이 투핸드 백핸드를 선택하고 있고, 차세대 챔피언인 야닉 시너, 알카라스, 홀거 루네 모두 투핸드 백핸드를 사용하고 있다. 원핸드의 명맥이 근근이 도미니크 팀, 치치파스, 디미트로프, 무세티 등을 통해 이어지고는 있지만 투핸드가 대세가 된 건 10년도 넘은 일이고 특히 여자 테니스에서는 원핸드 백핸드를 사용하는 선수가 전체 100위 안에 한두 명 꼽힐 정도로 거의 멸종 상태에 이르렀다. 그렇다면 왜 원핸드 백핸드가 투핸드 백핸드에 밀려을까.

정녕 별종일 것인가

GOOD

다양성 원핸더는 때에 따라 기민하게 샷의 종류를 바꿀 수 있다. 특히 슬라이스를 사용하기가 투핸드보다 용이하다. 또한 수비형 로브와 드롭샷, 백핸드 스매시의 구사에 있어서 한 손 백핸드의 소유자가 더 유리하다고 알려져 있다.

더 넓은 수비 범위 한 손을 쭈욱 뻗으면 일단 리치 상으로 두 손을 다 사용하는 투핸드보다 더 멀리까지 방어할 수 있다. 와이드 방향으로 빠지는 공에 대한 커버가 낫다.

파워 두 손을 합해 샷을 만들어 파워를 내기 쉽다. 특히 서브 리턴에서 강한 파워를 바탕으로 상대를 압박할 수 있다.

컨트롤 두 손을 사용해 샷의 임팩트 순간 더 쉽게 조절이 가능하다. 안정적이라는 뜻이다. 또 투핸드는 원핸드보다 폼이 일정해 샷의 방향을 더 잘 위장할 수 있다.

원핸드와 투핸드는 각각의 장단점이 있지만 투핸드가 최근 테니스의 변화에 더 적합한 기술이기 때문에 각광받고 있다는 분석이다. 즉 힘과 스피드가 기교와 테크닉을 압도하게 된 현대 테니스의 진화와 밀접한 관련이 있다.

잠깐 탁구와 비교해 보자면, 이제 세계 탁구에서는 과거 한국의 유남규나 유승민이 사용한 펜홀더 탁구채를 더 이상 사용하지 않는다. 펜홀더는 한쪽 면만 사용할 수 있는 반면 셰이크핸드는 양쪽 면을 다 사용할 수 있어 백핸드를 치기 더 쉽고, 무엇보다 빠른 스트로크에 순발력 있게 대응할 수 있기 때문이다. 이는 탁구에서 펜홀더보다 셰이크가 대세가 되는 적자생존의 원리가 적용된 대표적인 예라고 할 수 있다.

현대 테니스는 무엇보다 리턴이 강조되는 시대다. 백핸드 쪽으로 높게 튀는 서브를 리턴할 때 원핸드보다 투핸드가 확실히 강점이 있다. 또 그라운드 스트로크에서 롱랠리 비중이 80년대 90년대보다 더 높아졌다. 안정성 면에서 더 뛰어난 투핸드 백핸드가 그래서 더 각광을 받고 있다고 볼 수 있다.

원핸드 백핸드 전통이 무너지게 된 결정적 계기는, 아이러니하게도 가장 완벽한 원핸드 백핸드의 소유자에게서 나왔다. 바로 로저 페더러다. 세계 랭킹 1위로 압도적인 전성기를 열고 있던 시기 페더러의 '약한 구석'이 왼손잡이 나달의 톱스핀 포핸드에 의해 탈탈 털린 것이었다. 어깨 높이 위의 타점에 약한 원핸드 백핸드의 약점이 고스란히 드러나면서 이제 더 이상 원핸드 백핸드가 투핸드를 당해낼 수 없다는 인식이 강화됐다. 세계 최고라는 선수조차 원핸드 백핸드에서 약점을 보이고 있는데 자라나는 꿈나무들이 원핸드로 입문할 이유가 있을까?

하지만 아직 원핸드 백핸드가 멸종된 건 아니다. 디미트로프, 무세티, 댄 에반스, 유뱅크스, 두산 라요비치, 알트마이어, 그리고 2m 장신의 프랑스 신예 페리카르 등 원핸드 백핸드 전통의 수호자들이 끊기지 않고 명맥은 잇고 있다. 하지만 언제까지 계속될 수 있을지는 의문이다. 오히려 진화에 진화를 거듭하는 테니스 테크닉은 백핸드를 아예 없애는 방식으로 진화되고 있는 것 같다. 오른손으로 포핸드를 치고, 왼손으로

사진 그리고르 디미트로프

1 HANDER

2 HANDER

약한 파워 두 손보다 아무래도 힘이 떨어진다. 특히 서브리턴에서 강한 힘을 만들어내지 못한다. 눌러 치기 어렵다.
범실 가능성 원핸드는 스윙 궤적이 투핸드보다 크다. 따라서 스윙 시 타이밍을 놓치면 범실이 나오기 쉽다. 더욱이 클레이에서 바운스가 불규칙할 때 원핸드는 이를 보완하기 어렵다.

짧은 리치 투핸드는 공을 몸에 더 가까이 붙여야 하므로 발이 빨라야 한다. 경기 내내 원핸드보다 더 많이 움직여야 하는 단점이 있다.
다양성의 부족 이론적으로, 투핸드는 한 손 백핸드보다 슬라이스와 백핸드 발리에 있어 약한 것으로 알려져 있다.

바꿔 잡아서 왼손 포핸드를 치는 것이다. 실제로 미국 테니스 기술서에 '오버래핑 듀얼 포핸드Overlaping dual forehand'라고 정식 등록될 정도로, 아직 소수이긴 하지만 이런 시도들이 일부 유소년 유망주들을 대상으로 나타나고 있다.

마지막으로 원핸드 백핸드 로맨티스트 입장에서 한마디 하자면, 멸종은 곤란하다고 주장하고 싶다. 왜냐하면 원핸드 백핸드는 테니스에서 가장 맵시있는 기술이기 때문이다. 원핸드 백핸드의 플레이가 화려한 이유는 여러 가지가 있다. 훨씬 큰 스윙 궤도에 손목의 자유도가 있기 때문에 더 강한 톱스핀, 즉 더 빠르고 강력한 스트로크를 만들어낼 수 있어 보는 맛이 그만이고, 이보다 어쩌면 더 중요한, 실수가 나올 수 있는 리스크한 샷이기 때문에 관중들로 하여금 손에 땀을 쥐게 하는 짜릿함이 있다. 그리고 시간이 갈수록 게임 체인저로 기능하고 있는 백핸드 슬라이스를 더 잘 구사할 수 있는 조건은 명백하게 원핸드 백핸드가 갖고 있기 때문에 테니스에서 원핸드 백핸드는 탁구의 펜홀더나 공룡과 달리 멸종하지 말고 끈질기게 살아남았으면 하는 바람이다.

REVIVAL

부활

조코비치도 피할 수 없었던 부진과 침체는 그리 길지 않았다.
언제나 그랬듯 시련은 조코비치에게 더 큰 성장을 위한 예방 주사가 됐다.
오히려 이전보다 더 강해진 조코비치는 커리어 후반기에 그 누구도
견줄 수 없는 놀라운 기록과 성취를 이어 나가게 된다.

 조코비치는 로저와 라파라는 두 위대한 선수를 지배했습니다.
그리고 다음 세대의 선수들까지 압도했죠.

지난 10년간 조코비치가 해낸 그랜드슬램 우승과 꾸준함, 도합 7회
세계 1위 등극 등을 종합하면 그가 역대 최고의 선수라는 게 분명해집니다.

__ **피트 샘프러스** 미국 테니스 전설

01

나달이라는 처방전

조코비치가 잠시 자리를 비운 사이, 페더러와 나달은 귀신같이
남자 테니스 세상을 접수해버렸다. 이 둘은 2017년 호주오픈
결승에서 만났고, 이번에는 페더러가 메이저 No.18을 달성했다.
프랑스오픈은 물론 나달의 독무대였다. 클레이 코트에서 거의
유일한 도전자로 꼽힌 조코비치가 주춤하자, 나달은 2008년
이후 9년 만에 7경기 동안 단 한 차례의 세트도 빼앗기지 않는
'무실 세트 우승'을 달성하는 동시에, 그보다 더 의미 있는 통산
10번째 프랑스오픈 정상에 올랐다. 스페인 용어로 '라 데시마(La
Decima)'로 불리는 나달의 우승은 남자 테니스 사상 첫 단일
메이저 대회 10회 우승이라는 새 기록이었다.
조코비치와 앤디 머리가 부상으로 헤매는 동안 페더러와 나달은
10년 전 세상을 주름잡던 라이벌 구도를 다시 리바이벌시키며
각각 두 개의 메이저 대회 우승을 나눠 가졌다. 제국의 역습이라
부를 만했다. 조코비치에게 추격받던 페더러의 메이저 통산
최다 우승 기록은 No.19까지 도달했고 이듬해 호주오픈에서
조코비치가 정현에게 패한 사이, 페더러는 남자 테니스 역사상
처음 메이저 20회 우승에 도달했다.

조코비치의 시대는 끝난 듯 보였다. 그의 나이도 이제 삼십줄에 접어들었고 상식적으로 하락 곡선을 그릴 순서였기 때문이다. 하지만 조코비치는 2년의 침체기 동안 보약, 영양제를 듬뿍 섭취해놨다. 사라진 목표 의식을 채워줄 동기 부여라는 보약. 페더러와 나달의 부활은 조코비치의 사그라든 승부욕을 자극하기 충분했다.

첫 번째 처방전은 나달이 제조했다. 조코비치는 2018년 윔블던 개막 전까지 여전히 부진에서 헤어나지 못하고 있었다. 프랑스오픈 8강에서 세계 랭킹 72위 체키나토에게 패해 '정말 조코비치의 시대는 끝났구나'라고 모두가 고개를 절레절레하는 상황이었다. 그래도 조코비치는 우여곡절 끝에 윔블던 4강에 진출했다. 상대는 나달이었다. 윔블던 잔디에서 가장 마지막으로 맞붙었던 게 2011년 결승전이었으니까 7년 만의 잔디 코트 맞대결이었다. 나달은 조코비치의 능력을 언제나 한계까지 몰아붙이는 특징을 갖고 있었는데, 이번에도 그랬다. 그런데 그게 조코비치의 잠들어 있던

야성을 깨우게 된 결정적 계기였다. 일몰로 인해 다음 날로 경기가 순연돼 1박 2일로 펼쳐진 5세트의 치열한 접전에서 최종 승자는 조코비치였다. 조코비치와 나달이 윔블던에서 5세트 박빙 승부를 펼친 건 이번이 처음이자 마지막이었고, 5시간 15분의 격렬한 전투였다.

이 경기에서는 조코비치 커리어의 후반전을 미리 읽어 볼 수 있는 풍성한 내용이 담겼다. 두드러진 강점으로 서브가 눈길을 끌었다. 23개의 서브 에이스를 잔디 코트에서 터트렸는데, 삼십 줄에 접어든 조코비치의 테니스에 보강된 무기라는 느낌이 강했다.

원래 조코비치는 나달의 킬러라고 부를 만큼 강한 상대성을 지닌 존재였다. 무엇보다, 나달의 가장 무서운 왼손 포핸드 공격을 조코비치는 다른 어떤 선수보다 편안하게 받을 수 있다. 나달의 포핸드는 보통 오른손잡이의 어깨높이까지 바운스가 솟구쳐 올라 감당하기 어렵지만, 조코비치는 나달의 이 왼손 포핸드를 한 발 앞으로 전진하면서 아주 쉽고 자연스럽게 투핸드 백핸드로 받아넘길 수 있다. 단순히

10 AUSTRALIAN OPEN

8 FRENCH OPEN

7 WIMBLEDON

4 US OPEN

GRANDSLAM
호코비치 그랜드슬램 우승

기나긴 15개월의 시간이었습니다.

험난한 난관들을 극복하려

노력해 온 시간이었죠.

지금 이 순간 여기까지 오게 된 것에 대해

정말 만족스럽습니다.

노박 조코비치 나달에게 승리 뒤

받아넘기는 데 그치지 않고 방향을 먼저 바꾸는 데
능통하기 때문에, 이렇게 조코비치는 대각선 각도로
넘어오는 나달의 포핸드를 직선 공격으로 바꾸는
다운더라인 백핸드로 응수해, 다음 스트로크에서 나달의
강점인 포핸드가 아닌 백핸드를 유도할 수 있었다.
이런 고전적인 나달-조코비치의 스트로크 교환
방식은 2018년 윔블던 4강전에서도 승부의 열쇠였다.
최절정기의 나달을 물리친 조코비치의 자신감은
당연히 큰 폭으로 상승했다. 결승전에서 2m 장신 케빈
앤더슨의 강서브를 무력화하며 오랜만에 그랜드슬램
우승 트로피에 입맞춤했다. 2016년 5월 롤랑가로스에서
역사적인 노박 슬램을 성취한 지 약 2년 만의 승리였다.
나달과의 명승부 이후 조코비치는 예전 '금강불괴'의
몸을 되찾았다. 코트 위에서 다람쥐처럼 빠르게
움직이고, 그 어떤 강서브도 능히 받아내는 블랙홀
같은 리턴, 거기에 한층 더 날카로워진 서브를 앞세워
US오픈, 그리고 이듬해 호주오픈까지 3연속 그랜드슬램
대회 우승을 휩쓸었다. 완벽한 부활, 아니 2년간의
시행착오와 실패를 겪어 성숙미까지 가미된, 더 무서운
조코비치로 돌아온 것이다.

37+1 MONTH 켄 로스웰

36+5 MONTH 로저 페더러

36+3 MONTH 노박 조코비치

35+11 MONTH 라파엘 나달

34+9 MONTH 안드레 지메노

32+8 MONTH 앤드리 애거시

31+11 MONTH 아서 애시

31+5 MONTH 스탄 바브링카

31+18 DAYS 로드 레이버

31+14 DAYS 피트 샘프러스

1&3

2021년 프랑스오픈 4강전 vs 나달

조코비치가 역대 최고의 선수로 공인받는 데 있어 가장 중대한 의미를 지닌 경기였다. 프랑스오픈에서 정상 컨디션의 나달을 이기는 건 테니스를 넘어 모든 스포츠에서 가장 어려운 과제 가운데 하나였다. 이 경기를 앞두고 나달은 프랑스오픈에서 딱 2번 패했는데 한 번은 로빈 소더링(2009), 또 한 번은 조코비치(2015)였지만 이 두 번은 나달의 몸 상태가 정상이 아니었다. 2021년 조코비치는 클레이의 황제를 상대로, 자신이 갖고 있는 모든 테니스 기술을 쏟아부은 끝에 3-1 역전승을 거뒀다. 사실상 나달을 프랑스오픈에서 제대로 겨뤄 이긴 유일한 승부였기 때문에 조코비치 인생 최대의 대첩이라 부를 만하다.

2012년 호주오픈 결승전 vs 나달

흔히 조코비치-나달 라이벌전을 정의하는 명승부로 꼽힌다. 이 경기는 한동안 빅3 시대의 최고 명승부 2위로 각광받았다. 2008년 윔블던 결승 페더러-나달 전에 이어, 나달과 조코비치는 피지컬의 극한까지 몰아붙이는 새로운 테니스의 경지를 열어젖히며 이 시대를 파워 베이스라이너들의 경연장으로 확실하게 정의 내렸다. 5시간 57분의 그랜드슬램 결승전 사상 최장 시간 경기를 치른 그들은 경기가 끝나고 시상식에서 서 있을 힘조차 없어, 간이 의자에 앉아서 시상식을 치르는 진풍경까지 연출했다.

조코비치의 5대첩

메이저 통산 24회 우승에 빛나는 노박 조코비치에게는 자연스럽게 '대첩'이라 부를만한 명승부들이 적지 않다. 이길 때에도, 심지어는 질 때에도 수많은 명승부들이 탄생했지만, 조코비치의 인생에서 가장 빛나는 승리이면서 팬들에게 감동을 선사한 명승부 5개를 선정해 봤다.

2

2019년 윔블던 결승전 vs 페더러

조코비치가 윔블던의 황제로 불리는 페더러를 3번 연속 결승에서 만나 승리를 거둔 것 또한 조코비치 GOAT론을 더 공고히 해주는 기폭제가 됐다. 페더러의 나이는 이때 38세에 접어들었지만 준결승전에서 나달을 격파하고 온 상승세가 있었다. 페더러는 아마 이 경기를 끝으로 우승하고 누구보다 멋진 라스트 댄스를 꿈꿨을지 모른다. 하지만 언제나 빌런 역할을 마다하지 않는 조코비치는 윔블던의 황제에게 인생에서 가장 뼈아픈 패배를 안겨줬다.

4

2013년 호주오픈 16강전 vs 바브링카

호주오픈 최다 우승자인 조코비치가 가장 고전한 끝에 승리한 경기를 꼽자면 아마도 2013년 16강전이었을 것이다. 이때까지 메이저 대회 우승 경력이 전혀 없던 바브링카가 이렇게 경이적인 경기력을 보여주리라고 아무도 예상하지 못했다. 바브링카는 온몸을 내던지듯 커다란 궤적을 그리는 호쾌한 원핸드 백핸드 스윙으로 수비의 일인자 조코비치를 몰아붙였다. 이때 바브링카의 공격 테니스는 인간의 영역을 초월한 듯 보였다. 그의 별명 '스타니멀Stanimal'처럼 짐승 같은 파괴력을 5시간 내내 뿜어냈다. 그럼에도 바브링카를 끝까지 물고 늘어져 이겨낸 조코비치는 진정한 호주 멜버른의 황제였다.

5

2024년 파리올림픽 결승전 vs 알카라스

조코비치가 이룬 수많은 성취 가운데 스스로 가장 자랑스러워할 기록이다. 조국 세르비아에 금빛 낭보를 전하기 위해 조코비치는 불과 두 달 전 무릎 수술을 받은 몸을 이끌고 폭염이 기승을 부리는 8월의 파리로 향했다. 결승 상대는 한 달 전 윔블던에서 잔인한 패배를 안겨준 무서운 젊은 피 알카라스였다. 최연소 올림픽 금메달을 노리는 21살의 알카라스에게 조코비치는 30대 중반 노장의 노련미란 무엇인가를 온몸으로 발산했고, 그토록 바라던 결과를 잡아내는 데 성공했다. 결국 올림픽 단식 금메달을 획득한 조코비치는 이로써 모든 것을 이뤘다.

DJOKOVIC
메이저 **24회 우승**
마스터스 **40회 우승**
올림픽 **단식 금메달**
최장기간 세계 1위 **428주**

NADAL
메이저 **22회 우승**
프랑스오픈 **14회 우승**
마스터스 **36회 우승**
올림픽 **단식 금메달**

FEDERER
메이저 **20회 우승**
마스터스 **28회 우승**
올림픽 **단식 은메달**
연속 세계 1위 **237주**

그랜드슬램
통산 우승 24회 달성
역대 1위

노박슬램
2015-2016
4대 메이저 대회
연속 우승

24																				24
23																				22
22																				
21																			20	21
20															20			19	20	
19														19		17	17			
18									17						16			16		
17							16						16				17			
16						15						14			14					
15					13					13										
14				12								12								
13								11												
12		9			9															
11									10											
10								7												
9	6		6			6														
8		5			5															
7	4		4																	
6		3																		
5	1 1	1																		

2003 2004 2005 2006 2007 2008 2009 2010 2011 2012 2013 2014 2015 2016 2017 2018 2019 2020 2021 2022 2023

40-15의 전설

가운데 네트를 사이에 두고 경합하는 종목들이 있다. 배구와 탁구, 배드민턴, 그리고 테니스가 네트 스포츠의 대명사일 것이다. 네트를 사이에 두고 먼저 공을 넘기는 쪽을 서버(Server)라고 부른다면, 이를 받는 쪽은 리시버(Receiver)가 된다. 서브는 문자 그대로의 취지를 살리자면 네트 건너편 상대에 대한 '서비스', '봉사'에 가까운 행위이다. 테니스는 정확히 그 반대다. 테니스는 앞서 언급한 4가지 네트 스포츠 가운데 서버에게 절대적으로 유리한 종목이다. 유일하게 서버에게 두 차례 서브를 넣을 수 있는 기회를 줄 뿐 아니라, 무엇보다 딱딱한 공을 넉넉한 프레임 사이즈를 갖춘 라켓으로 있는 힘껏 때리기 때문에 압도적인 속도를 뿜어낼 수 있다.

따라서 프로 테니스 톱클래스 선수들이 서브권을 지키는 확률은 85~90%에 육박한다. 어지간하면 서브를 잃지 않는다는 뜻이다. 바꿔 말하면 승패는 상대가 강력하게 서브를 지켜내는 확률을 파고들어가 서브 게임을 빼앗아 오는, 즉 테니스 용어로 서브 브레이크(Serve Break)를 얼마나 잘 할 수 있느냐에 달려 있다고 해도 과언이 아니다.

위대한 경기였다고 생각합니다.
대단히 뛰어난 포인트가 많았어요.
모든 것이 다 있었죠. 조코비치는 오늘 굉장했습니다.
보다 큰 관점에서 보면 괜찮은 일이라고 생각합니다.

2019년 윔블던 남자 단식 결승전에서 로저 페더러가 노박 조코비치를 상대로 먼저 챔피언십
포인트에 도달했다. 한 점만 더 추가하면 대망의 윔블던 우승을 차지할 수 있다는 뜻이다.
한편으로는 40-15로 한 번의 서브를 실패하더라도 또 한 포인트가 남아있는 '더블 챔피언십
포인트'였다. 2012년 윔블던 이후 7년 만에 페더러가 그랜드슬램 대회에서 조코비치를 꺾을 수
있는 기회였다. 두근거리는 마음으로 첫 번째 서브를 넣었다. 조코비치가 안정적으로 리턴했고,
페더러는 서둘렀다. 하지만 포핸드가 아웃되었고, 포인트는 40-30이 되었다.
페더러는 두 번째 챔피언십 포인트도 신중하게 접근했다. 속도를 약간 줄여 조코비치의 포핸드
쪽으로 휘어지는 서브를 넣었다. 조코비치의 리턴은 특히 백핸드 쪽이 더 안정적이고 무섭기
때문에 그쪽을 피한 선택이었다. 페더러의 서브를 받은 조코비치의 리턴은 코트 한가운데에
떨어졌다. 페더러는 중간 정도의 힘을 실은 포핸드를 조코비치의 포핸드 쪽으로 안전하게
넣고 네트 앞으로 돌진했다. 크게 무리하지 않고 발리로 마무리하려는 심산이었다. 하지만
조코비치는 페더러의 공이 충분히 강하지 않음을 파악하고, 절묘하게 라켓을 잡은 오른 손목을
돌려 페더러의 오른쪽을 관통하는 패싱샷을 성공했다.

조코비치는 페더러의 챔피언십 포인트 두 개를 지우고 기사회생, 결국 5세트 타이 브레이크 끝에 페더러를 물리치고 윔블던 왕좌에 올랐다. 조코비치에게는 인생에 남을 대역전극이었고, 페더러에게는 최악의 패배였다. 이는 2019년 노박 조코비치가 윔블던 결승전에서 페더러를 물리치고 16번째 그랜드슬램 타이틀을 획득한 경기였는데, 훗날 '고트 결정전'이라고 불리게 될 만큼 막대한 중요성을 지닌 승부였다.

흔히 나달은 클레이, 조코비치는 하드, 페더러는 잔디의 최강자로 통한다. 페더러가 가장 뛰어난 테니스 기술을 펼칠 수 있는 장소인 윔블던 잔디에서 조코비치가 또다시 승리를 거두면서, 조코비치는 페더러를 뛰어넘는 역대 최고의 선수, 고트 논쟁에서 또 한걸음 고지를 향해 전진할 수 있었다. 조코비치는 클레이의 황제 라파엘 나달에게도 2년 뒤 숨 막히는 명승부 끝에 승리를 거두고 프랑스오픈 두 번째 우승을 차지해, '더블 커리어 그랜드슬램'(모든 메이저 대회를 2회 이상 우승하는 것)을 달성하게 되는데, 이 역시 조코비치가 페더러, 나달보다 더 위대한 선수라고 할 수 있는 중요한 근거가 됐다. 다시 말해 페더와 나달이 가장 강하고 좋아하는 코트에서조차, 조코비치는 그들을 이길 수 있다는 점을 증명한 것이다.

테니스는 정신력의 싸움입니다.
모든 선수가 완벽한 몸을 만들고,
모두가 포핸드와 백핸드를 잘 칠 수 있습니다.
하지만 테니스는 멘털입니다.

조코비치의 숱한 승리 가운데에서도 윔블던 2019년 남자 단식 결승은 2012년 호주오픈과 함께 가장 기억될 만한 명승부로 꼽힌다. 호주오픈이 한계를 뛰어넘는 체력전의 새로운 장을 열어젖혔다면, 페더러와의 윔블던 결투는 정신력 싸움의 최고봉이었다.

이 경기에서 총득점으로는 조코비치가 뒤졌지만, 세트 스코어는 3-2로 신승했다. 페더러는 2, 4세트에서 넉넉한 점수 차로 조코비치를 압도했다. 그러나 조코비치는 1, 3, 5세트 박빙의 타이 브레이크를 전부 가져왔다. 타이 브레이크는 점수 하나하나가 살얼음판이다. 서브를 두 개씩 번갈아 넣는 이 잔인한 러시안룰렛과 같은 승부에서 조코비치는 페더러보다 침착했고, 무엇보다 범실을 거의 저지르지 않았다. 테니스는 누가 더 많은 포인트를 획득하느냐의 싸움이라기보다, 누가 더 중요한 포인트를 가져가느냐가 관건인데 이러한 테니스의 본질을 잘 보여준 본보기가 조코비치-페더러의 윔블던 결승전이었다.

여기서 또 한 가지 언급하지 않을 수 없는 조코비치의 탁월한 기술적 강점은 리턴이다. 사실 조코비치가 그토록 막강한 페더러에게 40-15의 포인트로 밀린 상황에서 역전승을 한 건 이번이 처음이 아니었다. 2011년 US오픈 4강전에서도 유사한 상황이 있었다. 5세트 게임 스코어 5-3, 페더러의 서브권 상황에서, 조코비치는 40-15로 벼랑 끝에 몰려 있었다. 하지만 조코비치는 페더러의 강한 첫 서브를 예리한 각도의 리턴으로 더 강하게 받아넘기며 그대로 '리턴 위너'가 됐다. 이 기적의 리턴 한방으로 흐름을 뒤집은 조코비치가 최종 승자가 된 드라마틱한 경기였다.

조코비치는 현역 선수 가운데 가장 서브를 잘 넣는 페더러를 상대로, 그것도 서브가 가장 위력을 발휘하기 좋은 조건인 잔디 코트에서 역전에 성공했다. 심지어 두 개의 챔피언십 포인트에 몰려 있는 벼랑 끝 상황이었지만, 역대 최고의 선수 1인으로 추앙받은 페더러를 좌절시킨 것이다. 그 어느 때보다 분명한, 대권 교체의 신호탄이었다.

왜

윔블던이
최고일까

2019년 윔블던 파이널은 페더러, 나달, 조코비치로 이어지는
트로이카 시대에 손에 꼽히는 명승부였다. 이 3명은 잔디에서
그들의 기술과 체력, 정신력의 극대치를 발휘하며 영화보다
더 감동적인 승부를 연출한다. 그중 2008년 윔블던 결승전이
최고봉이었다. 또 2014년 윔블던 결승 역시 페더러와
조코비치의 5세트 클래식이 개봉되었고, 2018년 조코비치의
부활을 이끌어낸 나달과 조코비치의 5시간 승부 역시 빼놓을
수 없는 추억의 명화로 아직까지도 유튜브 세상을 달구고 있다.
왜 윔블던이 최고일까? 귀족 스포츠인 테니스를 떠올리면
푸른 잔디와 폴로 셔츠가 머릿속에 그려진다. 그리고 그 다음
단계로 떠오르는 한 단어가 있을 것이다. 현대 테니스의 진정한
시발점이면서, 누가 뭐래도 테니스 선수들 궁극의 목표이자,
동호인들에게는 인생에 꼭 한번은 가봐야 하는 '버킷 리스트'로
꼽히는 윔블던이다.
테니스 역사에 꼭 기억될 수밖에 없는 연도가 하나 있다. 바로
1877년, 윔블던 1회 대회가 열린 해이다. 근현대 테니스의
출발점으로 많은 전문가가 동의하는 시점이기도 하다. 따라서
현대 테니스의 역사는 150년이 넘었다고 말할 수 있다.

윔블던이 처음 열린 사연 자체가 전설이다. 오늘날 자본과 상업적 영역에 비교적 타협하지 않기로 유명한 윔블던의 창설 배경이 돈 때문이었다는 건 참 아이러니다. 당시 윔블던 지역의 으뜸가는 테니스 사교 모임인 '올 잉글랜드 잔디테니스&크로케 클럽'이 잔디를 관리하는 당나귀 롤러를 구입해야 하는 비용을 충당하기 위해 참가비를 받고 대회를 열었다. 이것이 현대 테니스의 시발점인 윔블던 챔피언십의 기원이다.

당시 우승 상금은 불과 12기니(한화 약 1,500원)였고, 결승전을 구경 온 200여 명의 관중들은 한 명당 1센트씩 냈는데 지금 생각하면 격세지감이다. 2024년 윔블던의 총상금 규모는 5천만 파운드에 육박하고 남녀 단식 우승자에게는 각각 40억 원이 넘는 막대한 상금이 주어진다. 관중들 역시 윔블던에서 가장 큰 규모인 센터 코트 좌석에서 경기를 보기 위해서는 기본 수십만원에서 수백만원을 넘는 비용을 지불해야 한다.

4대 테니스 메이저 대회 가운데 가장 먼저 시작한 윔블던은 메이저 중의 메이저로 여전히 1등 대접을 받고 있다. 비록 총관중 수와 상금 액수에서 보다 자본주의적인 US오픈과 호주오픈에 일부 역전을 허용하기는 했지만, 여전히 테니스 꿈나무들에게 목표가 무엇인지 물으면 열에 아홉은 '윔블던 챔피언십에서 뛰는 것' 혹은 '윔블던 우승 트로피를 드는 것'이라고 답한다.

말랑말랑한 점토 성분의 클레이 코트에서 열리는 프랑스오픈을 14차례나 정복해 국내 팬들에게 '흙신'으로 불리는 스페인의 전설 라파엘 나달조차 어릴 적 꿈을 물었을 때 '윔블던과 프랑스오픈에서 우승하는 것'이라 말했고, 약점이 전혀 없어 테니스 사이보그라고 불리며 테니스의 모든 기록을 다 갈아치운 세르비아의 노박 조코비치도 어릴 적 처음 라켓을 잡았을 때 목표를 하드가 아닌 잔디 위의 메이저, 윔블던 우승으로 꼽았다.

윔블던은 고상하고 특별하다. 전통을 워낙 중시해 변화를 꺼린다. 여전히 남녀 복장을 모두 흰색으로 고집하는 건 150년 넘게 이어진 젊은 선수들의 불만이다. 테니스계의 반항아이자 한때 배우 브룩 쉴즈의 연인으로 유명세를 탄 앤드리 애거시는 이러한 윔블던의 고집불통에 반발해 1988년부터 3년간 출전을 보이콧했다.

또 다른 전통 중시의 단면은 자본과의 적절한 거리두기다. 사실 윔블던처럼 매년 7월 잭팟을 터트리는 스포츠 이벤트도 드물기에 자본과의 거리두기란 엄밀한 의미에서 진실과 거리가 멀지만, 실제로 윔블던은 그 흔한 경기장 내 광고판을 허용하지 않는다. 호주오픈을 TV로 시청할 때 늘 선수들 뒤에 대문짝만하게 박혀 있는 기아자동차 로고, 프랑스오픈 붉은색 흙을 수십 년간 변함없이 지켜온 BNP파리바 은행, 그리고 US오픈과 파트너십을 형성한 컴퓨터 기업 IBM 등 지구촌의 내로라하는 글로벌 컴퍼니들은 윔블던의 밋밋한 짙은 녹색의, 아무것도 쓰여 있지 않은 뒷벽 광고판이 시장에 나오기만을 학수고대하고 있지만, 윔블던의 완고함은 아직까지 이를 허락지 않고 있다. 그럼에도 윔블던은 매년 TV 중계권료와 막대한 관중 입장료 수입으로 천문학적인 흑자를 내며 이 돈을 영국 유소년 테니스 선수 발굴에 넉넉하게 재투자하고 있으니, 어찌 보면 테니스 메이저 대회의 효시라는 오리지널리티를 가진 자들만의 특권이라고 할 수 있겠다. 놀랍게도 빅4 라이벌 구도가 정점에 오른 2012년 윔블던의 흑자 규모는 500억 원이 넘었다. 또 로저 페더러와 라파엘 나달이 은퇴 전 마지막으로 모습을 드러낸 2022년 윔블던은 역사상 최다 관중인 50만 명의 유료 관중이 운집하며 정점을 찍었다. 결론적으로 우리가 지금 접하고 있는 테니스의 기원은 곧 윔블던이라고 할 수 있고, 이 윔블던에서 파생한 문화와 전통이 고급 스포츠 테니스의 아우라를 굳건히 뒷받침하고 있다.

왕실에서 출발한 스포츠, 귀족들의 소일거리였던 테니스는 자본주의와 첨단 과학이 주름잡고 있는 21세기에서도 여전히 그 고유의 색깔을 잃지 않고 있다. 현대의 왕족, 귀족들은 여전히 테니스를 애용한다. 국내 굴지의 재벌 회장들과 금융권의 고위 임원, 법조계 출신 공직자와 유력 정치인들은 테니스를 일종의 '세컨드 스포츠'로 여기고 이를 통해 작은 사교 모임을 형성하고 있다는 사실은 더 이상 비밀이 아니다. 물론 '퍼스트 스포츠'는 대한민국에서 가장 두터운 동호인층을 형성하고 있는 골프일 테지만 테니스는 골프 다음가는 고급 스포츠로서 기능할 뿐 아니라, 골프보다 운동으로써 신체 및 정신 건강에 직결된다는 장점이 있어, 앞으로 시간이 흐를수록 저변은 확대될 가능성이 높다.

왜 윔블던이 최고일까

환영받지 못하는

조코비치는 현대 테니스의 거의 모든 기록을 보유한 살아있는 전설이다. 그런데 그에 걸맞은 인기를 누리지 못했다. 경기장에서 그는 불청객에 가깝다. 결코 주연이 아니다. 그는 경기에서 이길 때보다 질 때 더 많은 응원을 받는다. 조코비치가 자신보다 더 윗세대인 앤디 로딕이나 로저 페더러를 이길 때도 그랬고, 같은 세대인 나달과 앤디 머리를 물리칠 때, 그리고 최근에는 10살 아래뻘인 메드베데프와 알카라스, 시너 등을 상대할 때에도 관중의 성원을 받지 못했다.

이는 모든 스포츠를 통틀어 봐도 이상한 일이다. 보통 당대 최고 선수는 팬들의 열렬한 추앙을 받는다. 아르헨티나의 축구 영웅 리오넬 메시는 심지어 앙숙 관계인 브라질 팬들마저도 황제 대접을 해준다. 또, NBA 슈퍼스타 르브론 제임스의 인기는 불혹의 나이에 접어들어서도 식을 줄 모른다. 대중은 승자에 열광하고 오랜 기간 최정상의 자리를 지킨 슈퍼스타에 대한 무한한 존경을 표시한다. 노박 조코비치는 당대는 물론 역대 최고의 선수 가운데 한 명이다. 기록과 숫자가 그걸 증명한다. 하지만 그는 환영받지 못하는 챔피언이다. 2019년 윔블던 결승전이 전형적인 경우다. 로저 페더러가 40-15로 두 개의 챔피언십 포인트를 남겨뒀을 때 관중들은 페더러의 우승을 간절히 원했다. 1만 5천 관중석의 80% 이상이 격렬하게 페더러의 마지막 득점을 기원했고, 한 여성 관중이 제발 한 포인트만 더 획득하라는 의미의 검지를 치켜세운 모습이 중계 카메라에 생생하게 포착됐다. 그만큼, 조코비치가 페더러의 챔피언십 포인트를 방어하고 역전에 성공했을 때의 실망과 충격은 컸다. 역사에 남을 명승부가 끝났음에도, 윔블던 센터 코트에는 기쁨과 감동보다 허탈과 실망감이 역력했다.

조코비치가 실력과 업적에 비해 저평가되는 이유는 뭘까. 많은 테니스 평론가는 그의 국적을 지목한다. 유럽의 변방에 가까운 세르비아 출신이라는 한계가 작용했다는 것이다. 테니스는 영국과 프랑스 왕실에서 출발한 귀족 스포츠로서 서유럽의 전유물이라는 인식이 강하다. 동유럽 변방의 세르비아에서 온 조코비치는 처음부터 이방인 대접을 받았고, 이러한 시선은 그가 세계 최고의 선수로 우뚝 선 뒤에도 변함이 없었다.

이보다 더 설득력 있는 설명은 조코비치가 이른바 '파티 스포일러'이기 때문이라는 가설이다. 테니스 팬들은 오랜 기간 페더러, 그리고 나달에 열광했다. 2003년 페더러가 윔블던 첫 우승을 차지했고 2년 뒤부터는

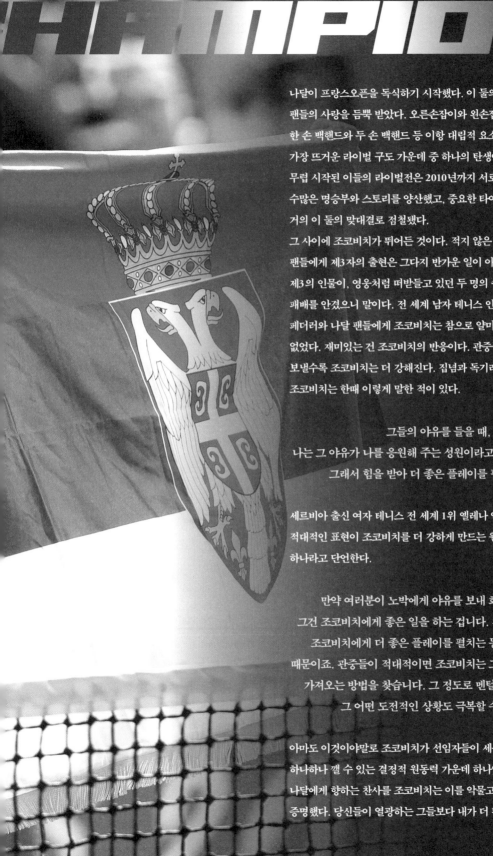

나달이 프랑스오픈을 독식하기 시작했다. 이 둘의 라이벌 구도는
팬들의 사랑을 듬뿍 받았다. 오른손잡이와 왼손잡이, 우아함과 근육질,
한 손 백핸드와 두 손 백핸드 등 이항 대립적 요소는 테니스 역사상
가장 뜨거운 라이벌 구도 가운데 중 하나의 탄생이었다. 2005년
무렵 시작된 이들의 라이벌전은 2010년까지 서로 승패를 주고받으며
수많은 명승부와 스토리를 양산했고, 중요한 타이틀이 걸린 대회는
거의 이 둘의 맞대결로 점철됐다.

그 사이에 조코비치가 뛰어든 것이다. 적지 않은 시간 양분됐던 테니스
팬들에게 제3자의 출현은 그다지 반가운 일이 아니었다. 게다가 그
제3의 인물이, 영웅처럼 떠받들고 있던 두 명의 슈퍼맨들에게 숱한
패배를 안겼으니 말이다. 전 세계 남자 테니스 인기를 나눠 가진
페더러와 나달 팬들에게 조코비치는 참으로 얄미운 존재가 아닐 수
없었다. 재미있는 건 조코비치의 반응이다. 관중들이 야유를 보내면
보낼수록 조코비치는 더 강해진다. 집념과 독기라고 해야 할까.
조코비치는 한때 이렇게 말한 적이 있다.

그들의 야유를 들을 때,
나는 그 야유가 나를 응원해 주는 성원이라고 바꿔 생각해버린다.
그래서 힘을 받아 더 좋은 플레이를 펼치곤 했다.

세르비아 출신 여자 테니스 전 세계 1위 엘레나 얀코비치는 관중들의
적대적인 표현이 조코비치를 더 강하게 만드는 원동력 가운데
하나라고 단언한다.

만약 여러분이 노박에게 야유를 보내 화나게 만들면,
그건 조코비치에게 좋은 일을 하는 겁니다. 왜냐하면 그 행위가
조코비치에게 더 좋은 플레이를 펼치는 동기 부여가 되기
때문이죠. 관중들이 적대적이면 조코비치는 그걸 자신의 이득으로
가져오는 방법을 찾습니다. 그 정도로 멘털이 강한 선수이고
그 어떤 도전적인 상황도 극복할 수 있어요.

아마도 이것이야말로 조코비치가 선임자들이 세운 대기록들을
하나하나 깰 수 있는 결정적 원동력 가운데 하나였을 것이다. 페더러와
나달에게 향하는 찬사를 조코비치는 이를 악물고 버텨왔고, 그들에게
증명했다. 당신들이 열광하는 그들보다 내가 더 뛰어나다는 것을.

VILLAIN

빌런

지금도 조코비치 팬들의 가슴 속에는 한가지 질문이 떠나지 않는다.
만약 조코비치가 코로나 팬데믹 시절 자신의 고집을 꺾고 정상적으로
대회에 출전했다면 얼마나 많은 미지의 기록을 개척해 나갔을지 말이다.
흔히 조코비치에 대해 '기록 집착주의자'라고 쉽게 말하지만,
사실 조코비치는 우승 상금과 기록만을 좇는 사람이 아니었다.
그에게는 신념이 가장 중요한 가치였다.

세상은 그를 끊임없이 비난했고,
확고한 입장을 고수하는 그를 폄하했습니다.
하지만 그는 결코 흔들리지 않는 결의로
자신의 신념을 고수했습니다.

_ 고란 이바니셰비치

01

선심을 쓰러뜨리다

역사에 가정은 분명 부질없지만 이건 거의 확실한 팩트에 가깝다. 조코비치가 2020년 코로나 팬데믹 한복판에 열린 US오픈에서 '그 짓'을 하지 않았다면 우승했을 것이라는 가정이다.

조코비치는 2020년 새해 벽두를 호주오픈 8번째 우승으로 기분 좋게 열어젖혔다. 조코비치는 이 대회에서 이른바 '넥스트 제너레이션'으로 부르는 재능 있는 세대들의 집단 도전을 이겨냈다. 특히 32강전에서 미국의 강서버 테일러 프리츠를 상대로, 심각한 복근 부상으로 기권 직전까지 몰렸지만 마치 저승에서 살아온 불사신처럼 정신력 하나로 버텨내 풀세트 승리를 거뒀다. 16강전에서 넥스트 제너레이션의 선두 주자로 꼽힌 198cm 장신 알렉산더 즈베레프를 고전 끝에 물리쳤고, 결승에서 도미니크 팀의 파워풀한 그라운드 스트로크 공세를 뚫고 또다시 5세트 역전극을 만들어냈다. 도미니크 팀은 20대 중반에 접어든 전성기의 선수였고, 8강에서 최고 컨디션의 나달을 3-1로 제압하는 파란을 일으켰으나 테니스의 모든 기술에 통달한 조코비치의 컴퓨터 같은 테니스를 극복하지 못했다.

조코비치는 호주오픈 8번째 우승이자, 메이저 17승째를 달성하며 당시 페더러(20회), 나달(19회)을 턱밑까지 추격했다. 시간은 그들보다 젊고 부상이 없는 조코비치의 편이었다. 10년 넘게 나달, 페더러를 향한 추격전을 벌였고 바야흐로 역전 구간에 접어든 순간, 누구도 예상하지 못한 사건이 벌어졌다. 코로나19 팬데믹이 지구촌을 덮쳐버린 것이다.

조코비치의 추격전은 전 인류가 직면한 미증유의 재난 앞에 속절없이 멈춰 섰다. 전 세계 곳곳을 돌아다니며 승부를 겨루는 테니스 투어 시스템에 코로나는 직격탄이었다. 모든 대회가 중단 혹은 취소됐고, 심지어 전통의 윔블던마저 열리지 못했다. 2차 세계대전 이후 처음 발생한 윔블던 취소 선언이었다.

이후 기하급수적으로 확산한 코로나 유행이 정점을 찍고 주춤세를 보이자, 테니스 투어 대회들도 조금씩 재개하기 시작했다. 삼엄한 방역 조치 속 무관중 경기 방식으로 열려 확실히 테니스 대회는 예전 같지 않았다. 코로나 발생 이후 처음 열린 메이저 대회인 US오픈 역시 마찬가지였다. US오픈의 메인 경기장인 아서 애시 스타디움은 세계에서 가장 큰 테니스 전용 구장이다. 유일하게 2만 명 이상의 대관중이 들어갈 수 있는 경기장인데, 이 드넓은 관중석이 텅 빈 가운데 US오픈이 열렸다.

조코비치는 2020년 8월 US오픈에 출전하기 전까지 무패 행진을 달리고 있었다. 물론 코로나19로 대회 자체가 많이 열리지 못했지만, 연초 국가대항 단체전인 ATP컵 단식에서 전승했고, 호주오픈, 두바이오픈에 이어, 코로나 이후 처음 열린 신시내티 마스터스 시리즈까지 건재함을 과시하며 23연승을 기록했다.

연승 가도의 조코비치가 당한 시즌 첫 패배는 충격 그 자체였다. 그냥 승부에서 진 게 아니라, 실격패했기 때문이다. US오픈 8강에서 조코비치는 스페인의 파블로 카레뇨-부스타를 상대로 1세트 고전했다. 아무래도 수개월간 실전 경험을 치르지 못했기 때문에 긴 5세트 방식의 메이저 대회에서 단번에 정상 컨디션을 찾는 건 제아무리 경험 많은 조코비치에게도 쉽지 않은 일이었다. 한 수 아래로 봤던 세계 27위 카레뇨-부스타와의 1세트를 힘겹게 버티던 조코비치의 얼굴에는 불만족한 표정, 짜증이 역력했다. 텅 빈 관중석, 박수도 전혀 없는 곳에서 내가 무엇을 하고 있는 건가. 이것은 실전인가, 연습인가. 조코비치는 평소답지 않게 많은 실수를 저지르면서 고전을 자초하고 있었지만, 진짜 심각한 실수는 1세트 5-6으로 뒤진 상황에서 나왔다. 그것은 돌이킬 수 없는 실수였고, 아마도 조코비치 인생 최대의 범실이었을 것이다. 홧김에 그리고 무심코, 코트 뒤편 백보드를 향해 친 테니스공이 하필이면 그 자리에 서 있던 선심의 목을 정확히 가격했다. 여성 선심이 쓰러질 정도의 꽤 강한 타격이었다. 목을 부여잡고 쓰러진 선심은 두려움과 원망이 가득한 표정으로 조코비치를 쳐다봤고, 대회 관계자는 결국 실격을 선언했다. 누구나 우발적이고 의도하지 않은 상황이란 걸 알았지만, 규정은 규정이었다. 조코비치도 이 사실을 잘 알고 있었기에, 별다른 항의 없이 짐을 챙겨 스스로 경기장을 빠져나왔다.

의도하지 않은 실수로 인한 우발적 사건이 실격으로 이어진 것에 대해 US오픈 조직위원회가 너무 가혹한 형벌을 내린 것 아니냐는 시각도 있었다. 당시 조코비치 골수팬들은 "페더러나 나달이 같은 실수를 했어도 실격을 줬을까"라며 이 역시 '환영받지 못한 챔피언' 조코비치를 향한 부당한 대우라고 볼멘소리를 했다. 하지만 조코비치는 이런 논란에 대해 대승적으로 선을 그었다.

"당시 상황이 나를 슬프고 허무하게 만들었다. 선심이 괜찮다는 소식을 듣고 다행이라고 생각하고 있다. 의도했던 것은 아니었지만 선심을 다치게 해서 죄송스럽다."

우승 후보 1순위 조코비치가 탈락했고, 나달은 코로나 때문에 가을로 옮겨진 프랑스오픈에 집중하기 위해 불참했다. US오픈은 이제 후배들의 몫이었다. 27세 무르익은 나이에 최절정 기량을 보여주고 있던 도미니크 팀이 그토록 원한 우승 트로피에 입을 맞췄는데, 6개월 전 호주오픈 결승전에서 조코비치에게 아쉽게 역전패한 아픔을 잊을 수 있는 선물이었다. 하지만 도미니크 팀이 US오픈 결승전에서 알렉산더 즈베레프를 꺾고 우승하는 과정을 지켜본 대다수 중립 팬들은 생각했을 것이다. '틀림없이 조코비치가 결승에 올라왔으면 우승했을 텐데….' 희대의 선심 가격 사건으로 인해 조코비치의 '빌런' 이미지는 한층 강화됐다. 나달, 페더러와 달리 경기가 풀리지 않을 때면 어김없이 라켓을 바닥에 있는 힘껏 내려치고, 불공정하거나 정확하지 않은 판정이 나오면 주심을 향해 고성을 지르고, 적대적 팬들의 과도한 도발에 대해서는 침묵하지 않고 공개적으로 응수하는 조코비치의 태도는 그를 지지하지 않는 팬들에게는 '나쁜 사람'이라는

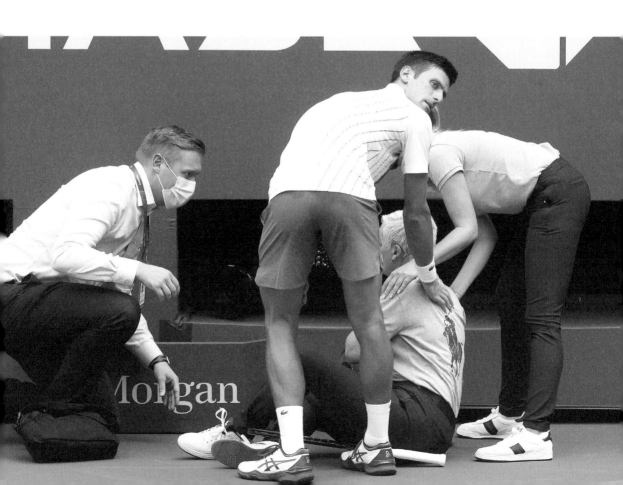

실격패에 관해서 저는
스스로를 돌아보고자 합니다.
한 인간으로서 성장과 발전을 위한
교훈으로 삼을 필요가 있습니다.
US오픈 대회 그리고 이 사건에 관련된
모든 분들께 사과드립니다.
저는 가족과 팀의 굳건한 성원이
있다는 사실에 감사드리고,
저를 떠나지 않고 지켜준 팬들에게도
깊은 감사를 드립니다.

노박 조코비치 실격 사건 직후 SNS 성명

테니스의 소문난 빌런 5명

인식을 강화했다. 이번에는 선심에게 공으로 폭력을
행사한 기행까지 추가된 것이다.
사실 조코비치의 빌런 이미지는 오해와 편견에서
비롯된 것에 가깝다. 조코비치가 나달, 페더러와 다른
성격이라는 것은 맞다. 그러나 다른 것이 틀린 것은
아니다. 조코비치는 솔직하다. 분노를 감추려고 노력하지
않고, 상황에서 느끼는 감정을 그대로 표출하는 유형의
선수다. 나달과 페더러도 경기 도중 열받거나 화가 날
때가 있다. 하지만 그걸 표현하지 않을 뿐이다. 차분함과
침착함이 상황에 대한 그들의 대처 방식이다. 조코비치는
라켓을 힘껏 내려치는 행동을 통해, 또는 심판에게
불만을 공개적으로 표현하는 방식을 통해, 경기에서
평정심을 되찾는 자신만의 노하우를 갖고 있는 것이다.
여기서 옳고 그름을 따지는 건 편견의 소산이다.
그러나 선심 가격 사건은 앞으로 다가올 역경과 고난에
비하면 빙산의 일각에 불과했다. 조코비치는 테니스계뿐
아니라 전 세계적인 빌런으로 거듭나게 되는데,
이것이야말로 의심할 바 없는 조코비치 인생의 가장 큰
시련이었다.

존 매켄로

M C E N R O E

테니스 악동의 대명사인 존 매켄로는 특유의 서브 & 발리 플레이로 1980년대를 주름잡은 슈퍼스타였다. 그러나 실력 외적인 면에서 이름값이 더 높았다. 매켄로는 주심의 판정이 마음에 들지 않을 때면 면전에 대고 사정없이 욕설에 가까운 윽박을 질러 경기장에 팽팽한 긴장감을 불어넣었다. 이제는 테니스 격언에 가까운 말이 된 "You cannot be serious(믿을 수가 없어.)"를 입에 달고 살았다. 1984년 프랑스오픈 결승전에서 매켄로는 방송 카메라맨의 헤드폰에서 나오는 소리가 거슬린다며, 경기 도중 그 헤드폰을 빼앗아 들고 "시끄러워! 조용히 하지 못해!"라고 일갈하는 이성 상실의 퍼포먼스로 인해 먼저 두 세트를 가져오고도 이반 렌들에게 치명적인 역전패를 당하는 대가를 치르기도 했다. 그러나 가장 대표적인 사건은 주심과 선심, 대회 디렉터를 향해 심한 욕설을 퍼붓고 격하게 언쟁하다 현대 테니스 역사상 첫 그랜드슬램 몰수패의 주인공이 된 1990년 호주오픈 남자 단식 16강전을 빼놓을 수 없을 것이다.

닉 키리오스
K Y R G I O S

존 매켄로의 후계자로 불릴 정도로 악동 계보를 제대로 이은 인물. 테니스 실력은 매켄로와 마찬가지로 출중했다. 2014년 19세의 나이에 윔블던 16강에서 라파엘 나달을 꺾은 잠재력이 풍부한 최고의 재능이었고, 2022년에는 윔블던 결승까지 올라 조코비치와 접전을 벌였다. 하지만 '욱'하는 성격은 매켄로 이상이었다. 조금이라도 판정이 마음에 안 들면 심판을 향해 차마 들을 수 없는 욕설을 퍼붓거나 라켓을 부서뜨리는 건 기본이며, 코트 위에 비치된 의자 등을 바닥에 집어 던지는 일도 서슴지 않았다. 입이 지저분했는데, 특히 2014년 네트 건너편 상대인 스탄 바브링카의 여자친구에 대해 경기 도중 혼잣말로 험담한 것이 TV 카메라 중계에 잡히는 곤혹스러운 일도 있었다. 또, 자신을 비방한 관중석의 팬을 향해 침을 뱉어 1억 원이 넘는 벌금을 내는 등, 벌금으로만 10억 원 이상을 토해낸 이 부문 역대 최고 기록 보유자이기도 하다.

일리 나스타세
N A S T A S E

루마니아가 낳은 세계적인 테니스 스타 일리 나스타세는 1970년대, 매켄로가 등장하기 전까지 테니스 최고 악동으로 명성이 높았다. 나스타세는 그의 이름 철자와 비슷한 'Nasty(지저분한)'라는 별칭을 갖고 있었는데, 1977년 윔블던에서 라이벌 비외른 보리와 대결하던 도중 심판대 위에 앉아 있는 주심에게 다가가 "나를 나스타세라고 부르지 말고, 미스터 나스타세라고 깍듯이 불러라"라고 협박하는 등 각종 기행을 서슴지 않았다. 70년대 최고 악동 나스타세의 이런 행동은 상당한 유명세를 일으켜, 1972년 미국의 스포츠 잡지 스포츠 일러스트레이티드에 '나쁜 것은 아름답다(Bad is beautiful)'라는 타이틀과 함께 표지를 장식하기도 했다. 윔블던과 프랑스오픈에서 각 1차례 우승한 나스타세는 1974년 세계 랭킹 1위까지 올랐다.

제프 타랑고
TARANGO

타랑고의 최고 랭킹은 42위였을 정도로, 실력으로는 크게 눈에 띄지 않았다. 하지만 1995년 윔블던에서 그와 그의 아내가 저지른 엽기적 사건은 테니스 역사에 선명히 기록될 정도로 강렬했다. 타랑고가 단식 3회전에서 관중을 향해 "입 닥쳐"라고 외치자, 프랑스 주심 브루노 뢰뷰가 경고를 했다. 가만히 있을 타랑고가 아니었다. 곧바로 심판에게 다가가 "썩어빠진 사람"이라고 쏘아붙인 뒤 경기를 거부했다. 당연히 실격패를 당했는데, 드라마는 여기서 끝이 아니었다. 타랑고의 아내가 브루노 뢰뷰 심판을 찾아가 뺨을 철썩 때린 것이었다. 심지어 자신들을 둘러싼 수십 명의 취재진들을 향해 "이 작자는 반성 좀 해야 해요"라고 말했고, 타랑고는 옆에서 맞장구를 쳤다. 윔블던 역사에 남을 기행의 주인공 타랑고는 1994년 일본 도쿄오픈에서 마이클 창과 대결하다 수천 명 이상의 관중들이 지켜보고 있는 가운데 바지를 내린 엽기 행각의 장본인이기도 하다.

다닐 메드베데프
MEDVEDEV

테니스 빅3 시대 이후 뉴 제너레이션의 선두주자로, 2021년 US오픈 결승전에서 조코비치의 '캘린더 그랜드슬램'을 저지한 메드베데프는 실력으로 당대 최고 선수 가운데 하나였지만, 입담은 그 이상이라고 볼 수 있다. 메드베데프를 빌런의 범주에 포함하는 까닭은 러시아 국적을 갖고 있으면서 자유자재로 구사하는 영어 실력이, 하필이면 관중들을 향한 도발과 독설에 최적화되었기 때문이다. 가장 유명한 사건은 2019년 메드베데프가 8강에서 바브링카를 꺾는 과정에서 관중들의 야유에 민감하게 반응한 뒤, 장내 인터뷰를 통해 "너희들이 야유를 보낼수록 나는 에너지를 얻는다. 더 들어와!"라고 대놓고 도발한 장면이다. 서브 리턴을 백보드 판까지 내려가서 받는 메드베데프는 2022년 신시내티 마스터스 4강전 루블레프와의 대결에서 중계 카메라에 부딪혀 포인트를 잃자, 이성을 잃고 중계 카메라를 발로 찬 뒤 "나 소송 걸 거야"라고 내지르면서 빌런의 진면목을 드러내기도 했다.

02

쫓겨난 챔피언

대표적으로 남자는 로드 레이버, 여자는 슈테피 그라프가 해낸 그 전대미문의 '캘린더 그랜드슬램'이 눈앞에 다가와 있었다. 그 마지막 관문이 US오픈이었다. 조코비치는 순조롭게 결승까지 진출했지만, 결국 다닐 메드베데프라는 새로운 챔피언에게 트로피를 양보하며 아쉬움에 가득한 눈물을 삼켰다.

테니스 선수로 황혼기인 34세에 한해 3개의 메이저 대회를 휩쓸고 연말 세계 랭킹 1위를 지킨 조코비치는 에베레스트 정상 등극을 코앞에 두고 있었다. 공교롭게 2021년 테니스 빅3는 정상을 함께 공유했다. 페더러와 나달, 조코비치 3명이 똑같이 메이저 20회 우승을 달성한 상태였다. 이제 누가 그 아슬아슬한 동률 상태를 깨느냐에 시선이 집중됐는데, 당연히 나이가 어리고 기량이 여전한 조코비치가 유리했다. 자연스럽게 2022년 1월 호주오픈은 조코비치의 메이저 대회 역대 최다 우승 기록 경신이 압도적인 화두였다.

그러나 뚜껑을 연 호주오픈의 테마는 조코비치의 그랜드슬램 최다 우승 기록과
같은 '테니스적'인 이슈가 아니었다. 그보다 훨씬 더 글로벌하면서 파장이 비할 수
없이 거대한 주제가 남반구 호주 멜버른을 뒤덮어버렸다. 조코비치가 코로나 백신
미접종으로 인해 호주에서 쫓겨나는 사태가 벌어진 것이다.
조코비치는 예부터 고난과 시련, 역경을 이겨내는 데 누구보다 익숙한 존재였다.
유소년 시절 나토 연합군의 미사일 공습, 투어 비용을 치르기 위한 부모님의 경제난.
이방인 동유럽에 대한 서구의 은근한 차별과 편견 등등. 하지만 삼십 대 중반으로
접어든 2022년 1월 멜버른 인근의 작고 초라한 숙소에 격리 수용됐을 때의 경험은
산전수전 다 겪은 조코비치도 견디기 힘든 일이었다.
1억 달러가 넘는 투어 출전 상금을 보유한 세계적인 스포츠 스타가 5층짜리 모텔
같은 숙소에 억류된 건 충격적이었다. 화려한 조명에 빛나는 멜버른 로드 레이버
아레나와 불과 몇 마일 떨어진 곳에 이런 공간이 존재하리라고 누가 생각이나
했을까. 입국을 거부당한 추방자들이 묵는 멜버른의 파크 호텔에는 별의별 사연을
갖고 있는 이민자들이 한데 모여 거주하고 있었다. 사실상의 감옥이라고 해도
지나치지 않았다. 감염병 전염을 막기 위해 창문은 단단히 닫혀 있었고, 조코비치가
맑은 공기를 마시려면 방 안에 있는 에어컨에 나오는 바람을 흡입하는 수밖에
없었다. 누구보다 호흡에 중요한 가치를 부여하는 조코비치가 파크 호텔에서 보낸
며칠은 일반인들이 생각하는 것 이상으로 지옥 같은 일이었다.

우리들과 마찬가지로 조코비치는 방에서 신선한 공기를 전혀 마실 수 없었습니다.
숙소의 모든 거주인들은 우울증을 겪었죠. 저도 마찬가지였습니다.
이 시스템은 우리를 정신적으로 육체적으로 파괴했습니다.
조코비치 역시 그런 분위기를 느꼈을 겁니다.
우리가 겪는 고초를 그는 아마도 이해했을 겁니다.

후세인 라티피 이란 격리자

그러나 이런 끔찍한 경험조차 조코비치는 약으로 삼았다. 그는 "백신 미접종으로 인해 나는 단 며칠
동안만 이곳에 머물면 되는 것이었지만, 다른 사연을 지닌 추방자들은 이곳을 몇 년간 벗어나지 못하는
경우도 있었다. 나와 다른 세상의 많은 사람들에 대해서 더 가까이, 그리고 깊이 생각해 볼 수 있는
시간이었다."고 훗날 털어놨다. 조코비치의 백신 미접종으로 인한 호주 입국 거부는 테니스 역대급
스캔들이었다. 조코비치라는 스타가 갖고 있는 상징성을 고려할 때, 이는 코로나 팬데믹 기간 장르 불문
전 세계 언론의 최고 뉴스로 다뤄지기 충분했다.

저는 개인의 선택의 자유를 믿고 백신 접종을 할 것인지 말 것인지가

개인의 권리라는 사실을 지지합니다. 백신 접종을 의무화하는 대회 출전이 막혀도 좋습니다.

또한 그것이 저의 기록과 역대 최고 선수 위치에 영향을 끼치더라도 감수할 것입니다.

조코비치의 백신 미접종에 대한 대중의 의견은 둘로 나뉜다. 몸 건강에 대한 조코비치의 평소 소신과 원칙을 지킨 것이라며 옹호하는 의견도 있지만, 그보다는 백신 접종이 대회 출전의 전제 조건이었다면 세계 1위 정도 되는 선수가 이 방역 지침에 대해 거부하는 것보다는 따르는 것이 공인의 바람직한 자세라는 아쉬움의 목소리가 있었다. 하지만 조코비치는 후회하지 않는 결정이었다고 지금도 강조하고 있다.

마치 기회비용처럼, 조코비치의 좌절이 숙명의 라이벌 나달에게는 곧 기회로 찾아왔다. 2022년 호주오픈은 나달의 우승으로 귀결되고 말았는데, 이로써 남자 테니스 사상 최초 21회 메이저 우승의 영예는 조코비치가 아닌 나달의 차지가 되어버렸다. 나달과 조코비치의 엇갈린 희비는 프랑스오픈까지 이어졌다. 여전히 백신 미접종을 고집하면서 북미 지역에서 열리는 토너먼트 대회 출전을 놓친 조코비치는 중요한 무대에서 정상 컨디션을 제대로 발휘할 수 없었고, 결국 프랑스오픈에서 1년 만에 다시 만난 나달에게 패하며 메이저 우승 기회를 양보해야 했다. 22:20으로 조코비치와 나달의 격차가 두 개 이상 벌어지면서 가장 위대한 선수의 칭호는 나달에게 기울어졌다. 조코비치는 설상가상 2022년 US오픈 출전도 미국 입국이 불발되면서 좌절됐다. 백신 미접종 탓이었다. 그의 메이저 우승 기록은 계속해서 20에 머물러 있었고, 2022년 백신 접종을 출전 조건으로 내건 북미 대륙의 대다수 토너먼트 대회에 초대받지 못하면서 세계 랭킹 역시 하락이 불가피했다.

코로나19는 인류의 재앙인 동시에, 조코비치의 발목을 잡은 악몽이었다. 서두에 기술한 바처럼, 만약 코로나19가 유행하지 않았다면 조코비치가 어떤 전대미문의 기록을 추가했을지 모를 일이다. 조코비치는 코로나 직전인 2019년 윔블던부터 US오픈, 호주오픈으로 이어지는 3연속 메이저 대회를 석권하고 있었다. 이런 흐름이 정상적으로 이어졌다면 5월 프랑스오픈에서 나달과 진검승부를 통해 다시 한번 '노박 슬램 시즌2'를 달성할 수도 있었고, 여기서 그치지 않고 조금 더 힘을 내 1969년 로드 레이버 이후 사상 처음 4대 메이저 대회를 모두 우승하는 '캘린더 슬램'도 도전할 만했을 것이다. 조코비치가 코로나 시기 자의반, 타의반으로 놓친 메이저 대회 리스트는 다음과 같다.

2020 FRENCH OPEN
코로나 발발로 대회 9월로 연기

2020 WIMBLEDON
코로나로 대회 취소

2020 US OPEN
무관중 경기 속 선심 공 맞혀 실격 탈락

2022 AUSTRALIAN OPEN
백신 미접종으로 추방

2022 US OPEN
백신 미접종으로 출전 불발

4~5개 정도의 그랜드슬램 우승 가능성이 있는 대회를 조코비치는 코로나로 인해 놓쳤다고 해도 과언은 아니다. 물론 반론도 있을 수 있다. 2020년 프랑스오픈이 가을로 연기되지 않았다 해도 '흙신' 나달이 건재했기 때문에 승리를 장담할 수 없었고, 코로나로 인해 상당수 투어 대회가 연기되면서 경험이 필요한 젊은 세대들의 성장이 오히려 방해받았을 수 있다는 지적도 설득력은 있다. 그러나 이런 반론은 지구촌이 코로나라는 질병으로부터 해방을 선언한 2023년, 조코비치의 믿을 수 없는 대약진으로 인해 설득력을 잃게 됐다. 그의 나이 35세로 접어들게 되는 2023년은 조코비치가 마침내 역대 최고의 선수인 GOAT 논쟁의 최후 승자로 홀로 남게 되는 기념비적인 해로 기록됐기 때문이다.

글로벌 스포츠 산업 테니스의 가치

COLUMN

테니스는 축구, 농구, 야구, 골프 등과 함께 글로벌 프로 스포츠로 위상을 견고히 하고 있다. 1년 365일 내내 지구촌 곳곳에서 테니스 투어 대회가 열리고 있고, 100년 넘는 역사를 자랑하는 4대 메이저 대회는 호주와 프랑스, 영국과 미국의 대표적인 도시에서 열리며 해마다 미디어의 조명과 팬들의 뜨거운 관심을 받고 있다. 경제지 포브스는 매년 가장 돈을 많이 벌어들이는 스포츠 스타들의 순위를 발표한다. 2000년대 초중반까지 이 순위에서 꼭대기를 오랫동안 차지한 스타는 골프 황제 타이거 우즈였다. 톱10의 면면은 대부분 NFL과 NBA, 메이저리그가 성행하는 '아메리칸 스포츠'와 유럽 축구 리그에서 뛰고 있는 고연봉 축구 스타들로 채워져 있다. 그런데 놀랍게도 2020년, 모든 스포츠를 통틀어 세계 최고의 돈벌이에 성공한 선수가 테니스에서 나왔으니, '테니스 황제'로 근 20년간 추앙받고 있는 로저 페더러다.

2020년 포브스지 선정 글로벌 스포츠 스타 수입 순위

금액	선수	종목
$10,630,000	로저 페더러	*TENNIS*
$10,500,000	크리스티아누 호날두	*SOCCER*
$10,400,000	리오넬 메시	*SOCCER*
$9,500,000	네이마르	*SOCCER*
$8,800,000	르브론 제임스	*BASKETBALL*
$7,400,000	스테픈 커리	*BASKETBALL*
$6,300,000	케빈 듀란트	*BASKETBALL*
$6,200,000	타이거 우즈	*GOLF*
$6,050,000	커크 커즌스	*NFL*
$5,900,000	카슨 웬츠	*NFL*

더 의미 있는 건 로저 페더러가 처음 포브스지 수입 1위를 찍었을 당시는 그의 전성기를 한참 지나간 시점이었다는 것. 즉, 페더러가 각종 메이저 대회에서 우승해 상금을 벌어들인 액수보다는 각종 스폰서십 금액이 최대치에 달해 글로벌 1위를 달성한 것이다. 최근 테니스가 글로벌 스포츠로서 위상이 한층 올라간 데에는 페더러로 대표되는 남자 테니스의 공격적인 성장이 한몫했다. 2003년 21살 나이에 윔블던을 제패해 스타덤에 오른 로저 페더러는 테니스의 교과서, 상징과도 같은 존재다. 그의 최전성기는 2004~2009년 정도로 볼 수 있는데, 이 시절 페더러는 우승하는 것으로는 뉴스가 되지 않고, 탈락했을 때 비로소 뉴스가 될 정도로 압도적인 지배력을 자랑했다. 2004년 1월부터 라파엘 나달에게 그 유명한 윔블던 파이널 클래식에서 패한 2008년 7월까지, 페더러는 237주 연속 세계 1위라는 전인미답의 기록을 세웠고, 남자 테니스 역사상 최초로 메이저 대회 20차례 우승을 돌파했다.

페더러의 이 대단한 기록은 훗날 자신보다 5~6살 어린 라파엘 나달과 노박 조코비치라는 희대의 테니스 천재들에 의해 깨졌지만, 페더러는 경기 외적인 부분에서 여전히 이들보다 압도적인 상품성을 자랑한다. 그가 포브스지 스포츠 스타 수입 1위에 오른 2020년, 페더러는 출전 대회 상금으로 약 600만 달러를 벌었다. 나머지는 글로벌 스폰서십에서 쓸어 담았는데, 후원 규모가 1억 달러가 넘었다. 그가 계약한 브랜드의 면면을 살펴보면 고개가 끄덕여진다. 럭셔리 시계의 대명사 롤렉스, 일본 최대의 의류기업 유니클로, 스위스 초콜릿 기업인 린츠, 독일 자동차의 자존심 메르세데스-벤츠와 프랑스 샴페인 회사 모엣&샹동, 그리고 현역 은퇴 뒤에도 변함없이 초장기 계약을 이어가고 있는 라켓 브랜드 윌슨과의 스폰서십이 페더러를 세계 최고 부자 선수로 밀어 올렸다.

로저 페더러가 천문학적인 돈을 벌어들이게 된 배경에는 사상 유례없는 호황기를 맞은 남자 테니스 황금시대의 도래를 꼽을 수 있다. 이른바 빅4라고 하는 페더러, 나달, 조코비치, 앤디 머리가 장장 20년 동안 장기 집권한 시대를 일컫는데, 페더러가 첫 우승한 2003년부터 2022년까지 20년 동안 윔블던 챔피언십에서 이 4명의 선수 외에는 우승자가 나오지 않았다. 정말 지독한 장기 과점 체제였던 셈이다.

그런데 4명이 번갈아 메이저 대회를 우승하는 이 시기가, 과거에는 찾아볼 수 없었던 테니스의 골든 타임이었다. 강력한 라이벌 구도는 흥행을 낳게 마련이다. 오른손잡이에 한 손 백핸드, 물 흐르듯 부드러운 테니스 타법으로 클래식함과 우아함의 상징이었던 로저 페더러, 이와는 반대로 왼손잡이에 두 손 포핸드, 울퉁불퉁한 이두박근으로 채찍질하듯 타격하는 강력한 스트로크의 대명사 라파엘 나달, 이 둘의 양강 구도를 비집고 올라와 마치 삼국지의 사마의처럼 천하통일의 기세로 테니스의 모든 기록을 갈아치운 조코비치, 이렇게 3명의 '테니스 신'이 서로 물고 물리는 접전을 벌이는 가운데 테니스 종주국의 자존심을 간간이 지켜낸 앤디 머리까지. 이러한 라이벌 구도는 축구의 메시-호날두의 경쟁에 비교될 정도로 치열했을 뿐 아니라 그만큼 오랜 기간 지속되기까지 했다.

테니스가 국제 스포츠 이벤트로 뻗어나가는 데에는 1968년의 대전환점이 기폭제가 됐다. 이전까지 테니스는 사실 육상이나 수영처럼 아마추어 스포츠에 가까웠다.

테니스를 직업으로 삼아 돈을 벌 수 있는 수단이 마땅하지 않았다. 물론 1950년대부터 등장한 판초 곤잘레스, 로드 레이버, 로이 에머슨 등 일부 아마추어 선수들은 프로로 전향해 상금이 걸린 이벤트 대회에 출전하는 식으로 활약하긴 했지만, 이들은 원칙적으로 가장 큰 영예인 4대 메이저 대회에 출전할 수 없다는 한계가 있었다. 그러던 것이 1968년 아마추어뿐 아니라 프로에게도 출전 기회를 '열어주는' 오픈 시대가 시작됐고, 이때부터 테니스의 상업화가 급속도로 진전하게 됐다.

우리에게 익숙한 이름인 지미 코너스, 비외른 보리, 존 매켄로 등의 초창기 테니스 슈퍼스타들은 오픈 시대 전환과 함께 메이저 대회가 전 세계에 TV 중계로 보급되기 시작했고, 1990년대에는 선수들의 이익 협동 조합이라고 볼 수 있는 남자프로테니스협회ATP와 여자테니스협회WTA가 자체적인 상업적 돌파구를 찾게 되면서 양적 질적으로 폭발적 성장기를 맞을 수 있게 됐다. 그 결과 현재는 4개의 메이저 테니스 대회를 기점으로, 그 바로 아래 단계의 위상과 규모를 갖는 9개의 마스터스 1000 시리즈, 전 세계 지역 곳곳에서 열리는 수십 개의 투어 500시리즈와 250시리즈 등의 대회가 1년 내내 열리면서 테니스 비즈니스가 확고한 자리를 잡게 됐다. 우리나라에서도 2004년부터 20년 넘게 '코리아오픈'이라는 이름으로 여자 테니스 투어 대회가 열리고 있다.

2024년 10월 20일 사우디아라비아 리야드에서 열린 '6 kings slam'이라는 남자 테니스 이벤트 대회는 80억 원이 넘는 우승 상금을 책정해 화제를 모았다. 메이저 대회의 두 배나 되는 엄청난 액수다. 오일 머니를 바탕으로 세계 스포츠 메인 스트림으로 진입하려는 사우디아라비아의 통 큰 행보로 분석되는데, 이 역시 현재 테니스의 글로벌 스포츠로서의 위상을 보여주는 하나의 현상이다.

2023년 기준, 글로벌 테니스는 60억 달러(8조 원)의 마케팅 가치를 지니고 있는 것으로 분석되고 있다. 2025년에는 100억 달러 스포츠 비즈니스로 성장할 전망이며, 테니스용품 시장 규모는 75억 달러에 도달할 것으로 예상된다. 매년 1억 자루 이상 팔리는 테니스 라켓의 숫자만큼이나 무궁무진한 가능성이 열려 있는 곳, 바로 왕실 잔디밭에서 시작해 이제는 남녀노소 모두가 즐기는 최고의 놀이로 진화한 테니스라고 요약할 수 있겠다.

COLUMN 그렇다면 국내 테니스 시장과 산업적
저변은 어떠할까. 전반적인 프로 선수들의
국제 경쟁력과 동호인을 중심으로 본 우리나라의 테니스는
아직 걸음마 수준이라는 게 중론이다.

사실 대한민국에서 테니스의 1차 전성기는 군부 독재 시절인
1980년대다. 새로 짓는 아파트단지마다 거의 의무적으로
테니스장을 포함시켰다. 내 기억으로 테니스를 처음 동네
레슨장에서 배울 때 윌슨과 프린스 등 외산 라켓의 가격이
30만 원~70만 원을 호가했는데, 80년대 물가를 감안하면
지금의 골프 클럽보다도 비싼, 무시무시한 가격이었다.

그렇다. 테니스는 대한민국에서도 귀족 스포츠였던 것이다.
그런데 골프와 어깨를 나란히 하는 테니스의 럭셔리함은
전 세계를 휩쓴 코로나 팬데믹 국면에서 진가를 드러냈다.
세로 30미터 이상이 필요한 비교적 넓은 공간을 2~4명이
점유해, 코로나 시절 운동의 전제조건인 '거리두기'가 실현된
테니스는 젊은 층을 중심으로 인기가 높아졌다. 테니스를
처음 배우는 나이 어린 동호인을 표현하는 '테린이'라는
용어가 탄생한 것은 전적으로 코로나 덕택이었다. 소셜
미디어로 자신의 라이프 스타일과 개성을 마음껏 표현하고
싶은 젊은 층에게 30만 원이 호가하는 테니스 라켓, 그리고
주로 흰색 계열로 깔끔하게 입을 수 있는 테니스 의류는
매력적인 취미 생활로 다가왔는데, 한동안 테니스 라켓을
시중에서 구하기 힘들고 테니스 코트 예약도 거의 불가능할
정도로 붐이 일었다.

다만 젊은이들의 스포츠는 돌고 돌아 유행을 타는 경향이
뚜렷하다. 골프로 고급 스포츠를 만끽한 젊은 동호인들이
한 회 라운딩만 수십만 원이 넘는 비용을 감당하지 못해
테니스로 대거 넘어왔듯, 코로나가 지나가자 진입 장벽이
높은, 즉 배우기 어렵고 기존 동호회 텃세를 뛰어넘어야 하며
심지어 코트 예약조차 여의치 않은 테니스를 버리고 요즘은
더 비용이 저렴하고 어디서나 쉽게 즐길 수 있는 러닝, 마라톤
쪽으로 대세가 형성되고 있다.

그렇다면 산업적 측면에서 국내 테니스 시장은 어느 정도라고
평가할 수 있을까. 테니스는 제대로 된 시장 조사가 이뤄지지
못하고 있을 정도로 아직은 영글지 않은 수준이라고 보는
것이 냉정한 평가다. 국내 주요 테니스 라켓 및 용품 판매
사업자조차 정확한 시장 규모를 알지 못한다고 털어놓는다.
골프처럼 체계적인 시장 조사가 들어갈 정도로 충분히 큰
사이즈의 규모가 아니라는 의미이다.

다만 골프와 비교했을 때 시장의 크기를 대략 짐작할 수는

국내
테니스
저변과
가능성

있다. 골프의 하드 굿즈, 즉 클럽이나 골프화, 의류 등의 시장은 약 3천억 원 규모로 형성되어 있다. 테니스는 전체 굿즈 시장 규모가 5백억 원 수준이다. 테니스 업계가 파악하고 있는 테니스 인구는 코로나 때 유입한 테린이들을 다 포함하더라도 100만 명을 넘지 못하고, 이른바 '진성 동호인'이라고 하는 주말 대회 출전 인구는 4〜5만 명 수준으로 알려져 있다.

비교적 정확한 시장 조사가 이뤄진 골프의 경우, 놀랍게도 집계된 동호인 수가 1천만 명에 육박하기 때문에 아직은 테니스가 골프의 뒤를 잇는 스포츠 산업이라고 말하기 부끄러운 수준이다. 오히려 테니스의 비교 대상은 골프라기보다 같은 라켓 스포츠인 배드민턴, 탁구라고 볼 수 있는데 배드민턴의 동호인 수가 업계 추정 200만 명 수준임을 감안하면 여전히 국내 테니스는 가야 할 길이 멀다고 볼 수 있을 것이다.

이는 프로페셔널 선수들에게도 적용될 수 있는 아쉬운 현실이다. 한국 테니스는 1980년대 유진선의 서울 아시안게임 4관왕 등극, 2000년대 이형택의 US오픈 16강 진출, 메이저 대회 4강 신화를 쓴 정현의 출현, ATP 테니스 투어를 2회 우승한 권순우 등이 세계 무대에 두각을 나타내긴 했지만, 그야말로 가뭄의 단비 같은 활약이었다. 이웃 아시아 국가인 일본과 중국처럼 지속적으로 투어 대회를 출전할 수 있는 선수층이 형성되어 있지 않다.

앞으로의 전망도 그다지 밝지는 않은 편이다. 무엇보다 주니어 유망주를 육성할 수 있는 시스템을 갖추지 못했다는 점이 미래를 어둡게 만드는 요소다. 주니어 육성의 핵심적인 역할을 수행해야 하는 대한테니스협회는 10년 가까이 협회장 선거를 둘러싼 갈등과 잡음으로 인해 미래지향적인 발걸음을 내딛지 못했다. 20년째 국내에서 열리고 있는 유일한 투어 대회인 코리아오픈 여자 테니스는 1980년대 지은 낙후된 경기장 시설로 인해 국제 망신 일보 직전까지 와 있다. 세계적인 테니스 시장의 확대일로에 발맞추고 낙오되지 않기 위해서는, 무엇보다 테니스 거버넌스의 확립이 시급히 이뤄지는 것이 30년 테니스 동호인인 필자뿐 아니라 모든 테니스인의 염원이다. 그래야만 아직 대한민국에 도착하지 않은 테니스의 시간이 올 수 있기 때문이다.

사진 권순우

분명 숫자는 조코비치가 역대 최고임을 가리키고 있습니다.
기술적 수준 역시 최고입니다.
또한 그는 부상에서 가장 자유롭고,
오랜 시간 최고의 자리를 지킨 선수입니다.

_ 라파엘 나달

G.O.A.T

고트

누가 역대 최고의 선수인가.

이 물음에 고민 없이 정답을 말할 수 있는 축구와 인물은 농구의 마이클 조던 정도밖에 없을 것이다.

축구는 펠레와 마라도나, 그리고 최근 카더를 월드컵에서 우승 경력을 추가한 리오넬 메시가 경합 중이다.

한국 프로야구는 박찬호, 선동열이 떠오르고, 아니면 류현진, 이승엽일 수도 있다.

또, 배구의 김세진과 농구 대통령 하재는 독보적인 1인이었을까.

테니스는 조금 다르다. 과거와의 경쟁이 아니고 한자 진행형인 인물들 간의 경합이다.

페더러와 나달, 그리고 노박 조코비치는 여전히 치열한 삼파전이다.

아직까지도 모든 사람이 고개를 끄덕이는 정답은 없다.

01

No. 23

조코비치는 잃어버린 약속의 땅 호주로 다시 돌아왔다.
1년 전 가혹한 추방이란 처분을 받았던 만큼, 다시 찾은
멜버른에서 조코비치는 다른 때보다 더 따뜻한 환대를
받은 동시에, 전 세계 스포츠 팬들의 뜨거운 관심을 받았다.
조코비치가 나달을 넘어 남자 테니스 역사상 가장 많은
메이저 23번째 우승 트로피를 들 수 있을지 관심이 쏠렸다.
조코비치는 여전히 압도적인 우승 후보였다. 비록 US오픈
출전이 백신 미접종으로 막혔지만, 그는 하반기 남자
테니스를 휩쓸다시피 했다. 11월 ATP 파이널스에서
통산 6번째 우승을 차지한 뒤 정신적인 자신감과
육체적인 준비를 모두 마친 상태였다. 결승전에서 그리스
출신 스테파노스 치치파스의 공격적인 포핸드에 다소
고전했지만, 호주 멜버른의 하드 코트에서도 조코비치의
물샐틈없는 수비는 여전했다. 또, 서브 달인 고란
이바니셰비치 코치를 고용한 이후 완성도가 훨씬 높아진
서브를 선보이며 호주오픈 권좌를 되찾을 수 있었다.
조코비치는 두 가지 기록을 동시에 수립했다. 하나는
호주오픈 통산 10번째 우승이었는데, 나달의 프랑스오픈에
이어 남자 테니스에서 단일 메이저 대회 두 자릿수
챔피언에 오른 벅찬 승리였다. 또 하나의 중요한 의미는
조코비치가 나달의 메이저 최다우승 기록과 동률(22회)을
이뤘다는 점이다. 코로나 백신 파문으로 잃어버린
2022년의 아쉬움을 깨끗이 날려버렸다.
개인적인 의견으로 메이저 22승 못지않게 크나큰 중요성을
지닌 게 호주오픈 10회 우승이다. 숫자로만 본다면 나달의
프랑스오픈 통산 14번째 우승에 비해 모자라지만, 이에
견줄 만한 대기록이 아닐 수 없다. 왜냐하면 조코비치가
우승한 호주오픈의 코트는 모든 선수에게 가능성이 활짝
열려 있는 하드코트이기 때문이다.

테니스 코트는 하드와 잔디, 그리고 클레이 3가지 표면으로 조성되어 있다. 테니스
태동기에는 귀족들이 잔디밭에서 여가를 즐기는 수단이었기 때문에 잔디가 원조라고
해도 무방하다. 하지만 관리가 참 어렵고 돈이 많이 드는 잔디에서 대중 스포츠를
즐기기는 어렵기 때문에 대안으로 흙에서 치는 클레이 테니스가 등장했다. 20세기
중반까지만 해도 잔디와 클레이, 이 두 가지 코트 표면이 전부였다. 하지만 기술의
발전으로 관리가 용이하고 바운스가 일정할 뿐 아니라, 더 향상된 테니스 테크닉을
발휘하기 적합한 하드 코트가 새롭게 도입됐다. 1940년대부터 보급된 하드 코트는
1978년 US오픈을 시작으로, 1988년에는 호주오픈에서도 표면으로 선택받았다.
코트의 비율로 보자면 대략 시즌의 70%가 하드 코트로 구성된다. 호주오픈으로
대변되는 1월~3월은 하드코트 시즌, 4월~6월까지는 유럽의 봄 계절에 발맞춰
클레이 시즌이 펼쳐지며, 7월 한 달 정도만이 윔블던을 비롯한 잔디 코트 시합을
연다. 그리고 다시 8월 북미 하드 코트 시즌부터 11월 말 ATP파이널스까지 전부
하드코트 대회가 열린다. 쌀쌀한 늦가을 및 초겨울 날씨로 인해 지붕이 있는
실내체육관으로 자리를 옮길 뿐이다.
그래서 클레이와 잔디는 해당 코트에 특화된 스페셜리스트들이 존재한다. 나달이
초창기 클레이 코트를 평정했을 때 클레이 스페셜리스트로 불렸다. 나달 외에도
서브가 약하고 공격보다 수비에 적합하며 끈기와 체력이 도드라진 선수들은 클레이
코트에서 좋은 성적을 내지만, 정반대 속성을 가진 하드 코트에서는 약해진다.

클레이와 잔디에서 강한 선수들은 비교적 소수이다 보니 우승 후보군이 하드 코트보다 좁다. 그만큼 하드 코트 대회를 우승하려면 더 치열한 경쟁을 치를 수밖에 없다는 뜻이다. 게다가 호주오픈은 시즌 맨 첫 번째 메이저 대회이기 때문에 대다수의 선수가 비교적 부상 없는 좋은 컨디션의 몸과 마음으로 경기에 임할 수 있다. 그런 대회에서 10차례나 우승한 건 특별한 가치를 부여해야 한다는 생각이다.

02

16년의 추격전

조코비치의 마지막 전성기라고 부를 수 있는 2023년,
56승 7패에 총 7개의 타이틀을 획득했다. 80승 넘게
거두고 두 자릿수 타이틀을 획득한 2015년에 비해 분명
수치상으로 떨어지지만 조코비치의 나이를 감안하면 더
위대한 기록이라는 의미를 부여하고 싶다. 조코비치는
선수로서 황혼기를 훨씬 지난 36세에도 한해 3개의
메이저 대회 우승 위업을 달성했다. 그뿐만 아니라, 메이저
대회 우승을 바탕으로 세계 랭킹 1위도 굳건히 지켜냈다.
36세에 연말까지 세계 1위를 지킨 건 페더러도 해내지
못한 조코비치만의 독보적 기록이다.
조코비치가 36세 시점에 겨룬 상대의 면면은 결코 약하지
않다. 과거 빅3 황금 시대만큼 절대적 강자들이 있는 건
아니지만, 대략 10명 정도의 최정상을 다투는 선수들은
선배들의 장점만 배워 한층 진화한 테니스를 장착한 채로
조코비치에게 덤벼들었다. 특히 2023년 조코비치 앞에
나타난 조카뻘 라이벌이 있었으니, 카를로스 알카라스라는
이름을 가진 스페인의 천재 선수였다.
조코비치를 '통산' 기록의 파괴자라고 한다면, 알카라스는
'최연소' 기록의 개척자다. 2022년 조코비치가 백신
미접종으로 불참한 가운데 알카라스는 US오픈을 19살의
나이에 우승했다. 이를 바탕으로 알카라스는 세계 1위를
찍었는데, 이는 역대 최연소 세계 랭킹 1위 기록이었다.
알카라스는 빅3의 장점만 모은 집합체라는 극찬을 받았다.
페더러의 화려한 기술과 공격성, 나달의 끈질긴 수비,
그리고 조코비치의 최대 강점인 리턴 능력을 쏙 빼닮았다.
알카라스는 게다가 조코비치가 갖지 못한 글로벌한
인기까지 어린 나이에 누리고 있었다. 페더러와 나달의
시대가 저물면서, 그들을 대체할 새로운 스타의 탄생을
고대한 팬들은 알카라스라는 천재의 등장에 열광했다.

2023년 5월 프랑스오픈에서 조코비치는 남자 테니스 역사를 새로 쓸 준비를 하고 있었다. 그랜드슬램 역대 최다 우승 단독 1위, 나달과 살얼음판 동률을 이루고 있던 22회 우승을 넘어 전인미답의 고지로 향하는 조코비치에게 최대의 난관은 준결승전이었다. 그곳에 새로운 천재 카를로스 알카라스가 버티고 있었다. 알카라스와 조코비치가 벌인 4강전은 역대급 명승부로 회자될 만했다. 불행하게도 2세트까지만 그랬다. 워낙 위대한 선수와 부담스러운 대결을 벌이고 있던 알카라스의 멘털이 무너지면서 몸도 함께 허물어졌다. 한 세트씩 나눠 가진 3세트 초반 알카라스의 몸에 경련이 퍼지면서 승부는 싱겁게 조코비치의 승리로 귀결됐다.

결승전 상대는 클레이를 좋아하는 스페셜리스트 캐스퍼 루드였다. 루드는 과소평가하면 안 되는 훌륭한 적수였다. 1세트 나달을 연상케 하는 루드의 파워풀한 포핸드 공격에 조코비치는 기선을 제압당했지만, 그랜드슬램은 장기전이 요구되는 전투였다. 대기록 달성의 부담감을 떨쳐낸 조코비치는 전열을 재정비해, 결국 3─0 승리를 거두면서 3번째 프랑스오픈 트로피를 품에 안았다. 조코비치에게 2023년 3번째 프랑스오픈의 우승은 상서로운 의미였다. 또 다른 3이 포함된, 메이저 23회 우승이라는 목표에 골인했기 때문이다.

2008년 호주오픈 우승 이후 16년에 걸친 기나긴 추격전이 마무리된 순간이기도 했다. 2008년 당시 조코비치가 첫 그랜드슬램 영광을 차지했을 때, 페더러는 메이저 12회 우승자였고 나달은 프랑스오픈에서 3연패를 달성한 뒤였다. 본격적인 추격전을 시작한 2011년에는 페더러가 16회, 나달이 9회 우승자였다. 이토록 커다란 격차를 15년이 넘는 세월 동안 조코비치는 차근차근 좁혀갔다. 늘 3인자 혹은 2인자의 위치를 벗어나지 못하던 조코비치는 결국 2023년 단독자의 자리에 우뚝 섰다. 페더러와 나달을 능가하는 역대 최고의 선수, GOAT 조코비치의 대관식이었다.

03

" 다 이루었도다 "

사실 조코비치는 모든 것을 다 이뤘고, 적어도 숫자와 통계상으로 greatest of all times, GOAT라는 칭호를 받기에 부족함이 없었다. 2023년 US오픈 결승전에서 다닐 메드베데프의 강력한 도전을 일축하고 통산 24번째 그랜드슬램 트로피를 들어 올렸으니, 이 부문의 최강자로 통했던 나달과의 격차를 2개로 넉넉하게 벌려놓은 셈이었다. 따라서 조코비치에게 이런 질문을 던져볼 수 있겠다. 이미 이견 없는 GOAT라고 불릴 수 있는 상황인데, 굳이 올림픽 단식 금메달이 필요할까? 하지만 조코비치의 생각은 많이 달랐다. 그에게 올림픽 금메달은 꼭 이루고 싶은 소중한 꿈이었다. 개인적인 성취가 아닌, 조국 세르비아를 위한 사랑과 헌신이 담긴 소망이었다. 커리어의 모든 면에서 완벽에 가깝지만, 단 하나 미완의 영역, 올림픽 금메달을 향한 조코비치의 집념은 2024년 전체를 불사를 정도였다.

그 명확한 근거는 조코비치가 치명적인 무릎 부상으로
프랑스오픈 8강전을 기권한 뒤, 곧바로 수술대에
오른 상태에서, 윔블던 출전을 강행한 것이다. 오른
무릎 반월판 수술을 받은 뒤 불과 보름 뒤 개막한
윔블던 출전은 누가 봐도 무모한 선택이었지만
조코비치에게는 물불 가리지 않을 이유가 선명했다.
8월 파리올림픽 출전을 위한 빌드업이었기 때문이다.
무릎 수술을 받고, 거의 한쪽 다리로 뛴 셈이지만
조코비치는 윔블던 준우승 쟁반을 손에 쥘 수
있었다. 이번에도 결승 상대는 지난해 풀세트 접전
끝에 아픔을 안긴 알카라스였고, 정상 궤도에서
살짝 벗어나 있는 조코비치의 몸 상태로 풀파워의
알카라스를 감당하기는 무리였다. 비록 졌지만,
조코비치의 큰 그림처럼 이보 전진을 위한 일보
후퇴에 가까운 결과였다. 윔블던에서 어느 정도 몸
상태에 확신을 얻은 조코비치는 8월 파리의 폭염
속에 다시 클레이코트에 몸을 내던졌다. 파리올림픽
테니스 경기장은 유서 깊은 프랑스오픈의 성지

롤랑가로스였다. 결승 상대는 이번에도 최근
가장 골치 아픈 숙제를 많이 던져준 '현역 최강'
알카라스였다.
알카라스 역시 조코비치를 꺾고 금메달을 목에
걸고자 하는 열의가 강했다. 일단 조코비치는
파리올림픽 단식 2회전에서 자신의 우상
나달에게 뼈아픈 패배를 안겼다. 나달의 아픔을
치유하겠다는 일념 하나, 그리고 또 다른 숨겨진
목표는 올림픽 단식 금메달을 조기에 획득해,
나달을 제치고 역대 최연소 커리어 골든 슬램을
달성하고자 하는 의도도 있었다. 알카라스는
올림픽 당시 21살이었다.
객관적으로는 '올 타임 그레이트' 조코비치의
열세로 보는 전망이 다수였다. 불과 한 달 전
윔블던에서 완패가 일방적인 탓도 있었고,
알카라스의 기세가 뚜렷했기 때문이다. 실제 경기
내용에 있어서도 조코비치는 수비, 알카라스는
자신감 넘치는 공세로 일관하면서 흐름은

알카라스에게 기우는 듯 보였다.

하지만 조코비치는 프로 전향 이후 약 20년의 긴 세월 쌓은 수많은 경험이 있었다. 그가 상대한 적수들이 누구인가. 페더러와 나달이라는 불세출의 거장이었다. 그 누구보다 난관과 어려움을 극복하는 노하우가 있었고, 올림픽 단식 결승전이란 긴장된 순간, 승부수를 던지는 완급 조절만큼은 알카라스보다 조코비치가 명백히 한 수 위였다. 결국 조코비치는 두 차례의 타이 브레이크 접전에서 모두 이기며 기적 같은 승리를 맛봤다. 조국 세르비아를 위한 5차례 도전이 드디어 달콤한, 감동적인 결실을 맺은 것이다. 2008년 베이징올림픽을 시작으로, 2012년 런던올림픽, 2016년 리우올림픽과 2021년 도쿄올림픽까지, 그토록 조코비치를 좌절시켰던 지난 15년간의 올림픽 잔혹사를 마침내 극복한 순간이었다.

올림픽 금메달 획득을 위한 그의 집념과 헌신은 경기장에 모인 관중들을 숙연하게 만들 정도였다. 조국 세르비아를 위해 금메달을 선물하고 싶은 진심이

전달됐고, 우승을 확정한 뒤 땅바닥에 엎드려 손에 파르르 경련이 이는 장면에서는 전율이 느껴졌다.

1988년 테니스가 올림픽 정식 종목으로 부활한 이후, 이보다 더 위대한 금메달리스트를 떠올리기 어렵다. 런던 윔블던에서 영국 팬들의 뜨거운 성원을 받고 금메달을 목에 건 앤디 머리, 2008년 베이징에서 파죽지세로 정상에 올라 프랑스오픈-윔블던-올림픽 3연속 우승을 달성한 라파엘 나달, 4대 메이저 대회를 모두 휩쓸고 마지막 서울올림픽에서 골든 슬램을 완성한 슈테피 그라프, 이들 모두 대단한 스토리를 담고 있지만 조코비치의 파리올림픽 정상 등극은 롤랑가로스라는 대회 장소의 성스러움까지 더해 역대 가장 위대한 테니스 단식 금메달이라는 찬사가 아깝지 않았다. 가장 위대한 선수의 가장 위대한 금메달, 2024년 8월 4일은 현대 테니스의 기념비적인 역사가 완성된 특별한 날이었다.

세르비아를 대표하는 것은 늘 최우선이며 영광입니다.

국가를 대표해서 경기에 나서는 것은 큰 동기부여가 됩니다.

이번 우승은 제 커리어에서 가장 큰 성과입니다.

OLYMPIC

역대 테니스 올림픽 금메달리스트

MAN

체코 · 미로슬라브 메시르 — 1988 서울
스위스 · 마르크 로세트 — 1992 바르셀로나
미국 · 앤드리 애거시 — 1996 애틀랜타
러시아 · 예브게니 카펠리니코프 — 2000 시드니
칠레 · 니콜라스 마수 — 2004 아테네
스페인 · 라파엘 나달 — 2008 베이징
영국 · 앤디 머리 — 2012 런던
영국 · 앤디 머리 — 2016 리우
독일 · 알렉산더 즈베레프 — 2020 도쿄
세르비아 · 노박 조코비치 — 2024 파리

WOMAN

슈테피 그라프 · 독일
제니퍼 캐프리아티 · 미국
린지 데븐포트 · 미국
비너스 윌리엄스 · 미국
쥐스틴 에냉 · 벨기에
옐레나 데멘티에바 · 러시아
세리나 윌리엄스 · 미국
모니카 푸이그 · 뿌에르또리꼬
벨린다 벤치치 · 스위스
정친원 · 중국

NOVAK
DJOKOV

그랜드슬램 통산 24회 우승
통산 최다 세계 랭킹 1위 428주+
마스터스 시리즈 최다 우승 40회
역대 최고령 세계 1위 37세
통산 최다 연말 세계 1위 8회
커리어 골든 슬램
트리플 커리어 그랜드슬램
노박 슬램
통산 한 시즌 3회 메이저 우승 4차례
호주오픈 역대 최다 우승 10회
커리어 골든 마스터스
한 시즌 최다 마스터스 시리즈 우승 6회, 2015년
ATP 파이널스 역대 최다 우승 7회

RECORDS
조코비치가 세운 현대 테니스의 대기록

난 행복한 사람이다.

내 분야에서 성공했기 때문이다.

하지만 나를 가장 행복하게 하는 것은

내가 사랑하고 나를 사랑해주는 사람들이다.

그것이 나에게는 가장 중요하다.

혼자이길 좋아하는 사람은 없다.

I'm a happy man.

because I am successful in what I do, of course.

but what makes me most happy is

I have people around me that I love and who love me back.

This, for me, is the most important thing.

Nobody likes to be alone.

테니스계의 빛나는 이단아
세상의 모든 권위에 도전하다

노박 조코비치는 우등생이 아니라 문제아에 가깝다. 보다 정확히 비유해 보자면 성적으로는 전교 1등이지만, 모범생은 결코 아닌 사고뭉치다. 선생님이 싫어하고 교육부 장학사들도 마뜩잖아 한다. 그러나 조코비치는 '우리들의 다소 일그러진 영웅'임에 틀림없다. 그는 150년 이상 이어온 현대 테니스학교의 온갖 전통과 권위에 질문을 던졌고, 그 과정에서 각종 징계와 구설과 비판에 시달렸지만, 그들의 변화를 유도하며 점차 그 성과가 가시화되고 있다.

지난 20년간 조코비치의 성공과 실패를 지켜본 필자는 조코비치의 인생을 '세상의 모든 권위에 대한 도전'이라고 정의 내리고 싶다. 그는 세상 사람들이 반대하거나 불가능하다고 말하는 것에 지지 않고 맞섰다. 페더러와 나달이라는 최고 모범생이자 역사상 가장 뛰어난 성적을 이룬 두 명의 지배자에 대해 조코비치는 정면 도전했고, 계란으로 바위 치기로 끝날 줄 알았던 그의 도전은 거짓말처럼 현실로 이뤄졌다. 로저 페더러가 2010년 호주오픈 우승으로 메이저 16회 우승을 달성했을 당시, 조코비치는 겨우 호주오픈 1개의 타이틀만 갖고 있었다. 과연 조코비치가 통산 그랜드슬램 최다 우승이라는 기록을 넘볼 수 있을까 의심하던 모든 전문가, 평론가들의 전망을 기어코 뒤집은 것이다.

조코비치는 테니스의 기술적 권위에 대해 의문을 던지고, 이를 뛰어넘었다. 포핸드가 강하면 백핸드가 약하고, 서브가 강하면 리턴이 약하다는 기존의 통설을 통째로 뒤집은 최초의 존재다. 조코비치는 30대 중반에 이르기까지 끊임없이 기술 향상을 도모하며 기존 백핸드 하나에 불과했던 기술적 강점을 서브와 포핸드, 발리 등으로 대폭 확장했고, 기술 영역에서도 '한계는 없다'는 걸 증명했다.

조코비치는 상식을 깨는 도전자이기도 했다. 조코비치는 선수 말년 그와 동갑내기이자 필생의 라이벌 앤디 머리를 전담 코치로 초빙했는데, 이는 전례를 찾기 힘든 파격적인 선택이다. 지도자는 보통 선수보다 나이가 많아야 하는 것 아닌가. 이것도 조코비치에게는 우습게 일축해 버릴 수 있는 작은 편견에 불과했다.

2025년 1월 호주오픈에서 조코비치는 '에이징 커브'라는 스포츠의 속성을 또 한 번 거슬렀다. 그는 37세의 선수 황혼기에 한창 최전성기를 맞은 21살 천재 카를로스 알카라스를 만나지만, 모든 기술과 체력, 지략과 끈기를 총동원해 승리를 거두고 4강에 진출했다. 기존 질서와 권위에 대한 도전 의식도 비교할 대상을 찾기 어렵다. 조코비치는 돈 못 버는 하위 랭커들의 권익을 강화하고, 떼돈 버는 부자 선수들의 이익을 양보하는 노블레스 오블리주 정신에 입각한 선수협회를 결성했다. 이는 페더러, 나달 등 기존의 톱스타들이 공개적인 목소리를 내길 꺼리는 부분이었고, 테니스 최상위 기관과의 마찰이 불가피한 위험한 선택이었지만 조코비치는 좌고우면하지 않았다. 그가 옳다고 생각하는 일을 뚝심 있게 밀고 나갔다.

조코비치가 역대 가장 위대한 선수이냐 아니냐를 놓고 벌이는 갑론을박은 이 책이 발간되는 시점인 2025년 봄에도 여전하다. 페더러가 더 우아하고 멋진 교과서적인 테니스를 구사했고, 나달은 전무후무한 프랑스오픈 14회 우승이란 불멸의 기록을 세웠으니 이들 3명의 우열을 가리는 건 쉽지 않다. 심지어 인공지능 챗GPT도 셋 중 누가 고트인지 물어보면 우물쭈물 즉답을 피한다.

최종 승자는 시간의 세례를 충분히 받은 뒤에야 결정될 것이다. 조코비치가 세운 온갖 대기록들은 오래오래 레코드 보관소에 남아 시간이 비추는 빛의 세례를 받으며, 점점 더 그 가치를 인정받게 될 것이라고 믿는다. 앞으로 새롭게 출현하는 모든 테니스 스타의 기록 행진은 하나의 절대 기준점, 조코비치와 비교될 것이고 그때마다 조코비치의 전설적 발자취는 조명받을 것이다.

그러나 나는 숫자로 표현되는 기록들 너머에 인간 조코비치의 위대함 또한 더 많은 시간의 세례를 통해 재발견되어야 한다고 주장한다. 조코비치는 겸손하고 솔직하고, 약자를 위한 따뜻한 마음씨가 있는 좋은 사람이다. 이 책이 발간된 뒤 몇 해가 지나지 않아 조코비치는 은퇴할 것이다. 길고 긴 남자 테니스 빅3의 황금시대가 마감되는 것이다. 과연 그들의 빈자리를 채울 누군가가 나오는 것이 가능할까. 얼마 남지 않은 조코비치의 시간을 우리가 아끼고 사랑해야 하는 이유, 바로 여기에 있을 것이다.

Novak
Djokovic

1ST PUBLISHED DATE 2025. 4. 25

AUTHOR Sunsoo Editors, Kim Kibum
PUBLISHER Hong Jungwoo
PUBLISHING Brainstore

EDITOR Kim Daniel, Hong Jumi, Lee Eunsu, Park Hyerim
DESIGNER Champloo, Lee Yeseul
MARKETER Bang Kyunghee
E-MAIL brainstore@publishing.by-works.com
BLOG https://blog.naver.com/brain_store
INSTAGRAM https://instagram.com/brainstore_publishing
PHOTO Getty Images

ISBN 979-11-6978-052-0 (03690)

NOVAK DJOKOVIC